RAFFINIERT UND KÖSTLICH

Aufläufe

RAFFINIERT UND KÖSTLICH

Aufläufe

KARL MÜLLER VERLAG

In gleicher Ausstattung sind bisher erschienen:

Asien-Küche
Backen für jede Gelegenheit
Besser Backen mit vollwertigen Rezepten
Cocktails
Desserts
Die besten Rezepte mit Hackfleisch
Feste feiern
Fisch-Küche
Gemüse zu jeder Jahreszeit
Gesund, schlank, fit
Kartoffel-Küche
Nudel-Küche
Salate für jede Gelegenheit
Suppen-Küche
Trennkost
Vollwertküche
Weihnachtsbacken

Die Rezepte in diesem Buch wurden mit aller Sorgfalt zusammengestellt. Eine Garantie kann jedoch nicht übernommen werden. Der Verlag schließt eine Haftung für etwaige Personen-, Sach- und Vermögensschäden aus.

Konzept: Sabine Raab
Lektorat: Monika Harand-Krumbach
Reproarbeiten: Hetzner-GmbH, Nürnberg
Titelbild: Atelier Frisch, Hamburg (CBT Hollandgemüse)

Inhalt

Vorwort

Aufläufe gehören zu den beliebtesten Gerichten. Sie sind leicht vorzubereiten und sind sehr vielseitig. Die Aufläufe schmecken immer wieder anders, je nachdem welche Hauptzutaten verwendet werden.

In die Familie der Aufläufe gehören auch die Gratins und Soufflés, zu denen Sie einige Rezepte in unserem Buch finden werden. Eine strikte Trennung der Begriffe ist eigentlich unmöglich, aber es gibt einige charakteristische Merkmale:
Gratinieren bedeutet nichts anderes als Überbacken. Die Zutaten eines Gratins werden schon zuvor gegart und bekommen eine leckere Kruste durch Überbacken mit Béchamelsauce oder einfach nur mit Käse.
Die typische schaumartige Konsistenz eines Soufflés kommt von steifgeschlagenenem Eiweiß, das vorsichtig unter die Grundmasse gehoben wird. Im allgemeinen gilt die Zubereitung eines Soufflés als heikle Angelegenheit. Dies muß nicht sein, wenn man sich genau an die Anleitungen hält und vor allem seine Neugier zügelt. Ein vorzeitiges Öffnen der Backofentür läßt das Soufflé zusammenfallen!

Unsere Rezepte sind nach den Hauptzutaten gegliedert. Im ersten Kapitel bilden Kartoffeln die Grundlage der Aufläufe. Gerade die Kartoffel ist wegen ihrer wertvollen Nährstoffe und ihrer vielfältigen Verwendungsmöglichkeiten aus der modernen Küche nicht wegzudenken.
Gemüsevariationen stehen im Mittelpunkt des zweiten Kapitels. Hier sind – je nach Jahreszeit – Ihrer Experimentierfreude keine Grenzen gesetzt.
Deftiger und auch gehaltvoller wird es im dritten Kapitel, wo Fleisch bzw. Wurst die Grundlage der Rezepte bildet.
Fischgerichte aus dem Backofen sind das Thema des vierten Kapitels. Fisch bietet pikante und trotzdem kalorienarme Möglichkeiten.
Im fünften Kapitel geht es um Nudeln oder Reis als Hauptzutat. Hier dürfen natürlich Klassiker wie Lasagne nicht fehlen.
Den Abschluß des Buches bilden süße Aufläufe, die bekanntlich (nicht nur) bei Kindern besonders beliebt sind.
Jetzt bleibt uns nur noch, Ihnen gutes Gelingen zu wünschen! Vielleicht werden Sie angeregt, auch eigene Rezepte zu „erfinden“.

Zu unserem Buch:
Alle Rezepte sind – wenn nicht anders angegeben – für 4 Personen berechnet.

Abkürzungen:
TL = Teelöffel
EL = Eßlöffel
g = Gramm
kg = Kilogramm
l = Liter
ml = $^1/_{1000}$ l (1 g)
Msp. = Messerspitze
1 Tasse = ⅛ l (etwa 1 normale Teetasse)
kcal = Kilokalorien
kJ = Kilojoule

Abb. S. 9
Holländisches Kartoffelgratin
(Rezept S. 12)

Leckeres mit Kartoffeln

Kartoffelauflauf mit Lauch und Tomaten ▷

500 g Kartoffeln
Salz
100 g durchwachsener Speck
4 Lauchzwiebeln
750 g Tomaten
50 g geriebener alter Gouda
4 Eier
⅛ l Milch
Pfeffer
1 TL Paprika edelsüß
1 Knoblauchzehe, zerdrückt

Kartoffeln in Salzwasser kochen, pellen, abkühlen lassen und würfeln. Speck würfeln. Lauch in Ringe schneiden. Die Hälfte davon würfeln und im ausgebratenen Speck glasig dünsten. In eine Auflaufform geben. Tomaten waschen, Stielansätze herausschneiden, auf den anderen Seiten die Haut kreuzweise einritzen. Mit den eingeritzten Seiten nach oben in der Form verteilen. Kartoffelwürfel mit geriebenem Käse mischen und in die Zwischenräume füllen. Eier mit Milch, Salz, Pfeffer, Paprika und Knoblauch verquirlen und über die Kartoffeln füllen.
Im vorgeheizten Backofen bei 220 °C auf der unteren Einschubleiste 20-30 Minuten backen. Mit den restlichen Zwiebelringen bestreuen.

ca. 411 kcal/1723 kJ/Portion

Kartoffel-Rosenkohl-Gratin

400 g kleine Kartoffeln
Salz
1 TL Kümmel
400 g Rosenkohl
2 Zwiebeln
20 g Butter
Pfeffer
Muskatnuß
⅛ l Milch
100 g geriebener Gouda, mittelalt

Kartoffeln mit Salz und Kümmel garen, pellen, abkühlen lassen. Den Rosenkohl putzen, waschen, in kochendem Salzwasser 8 Minuten garen, kalt abschrecken, gut abtropfen lassen. Rosenkohl halbieren, Kartoffeln in Scheiben schneiden. Zwiebelwürfel in Butter dünsten, in eine große, flache, hitzebeständige Form füllen. Rosenkohl und Kartoffelscheiben abwechselnd in Reihen einschichten. Mit Salz, Pfeffer und Muskat würzen. Milch darübergießen und mit geriebenem Käse bestreuen.
Im heißen Backofen bei 200 °C etwa 15-20 Minuten überbacken.

ca. 304 kcal/1274 kJ/Portion

TIP

Die Nährwerte der Kartoffeln bleiben am ehesten erhalten, wenn sie in der Schale gekocht werden.

Kartoffel-Käse-Tomaten-Auflauf ▷

1 kg Kartoffeln
Salz
30 g Butter
200 g Maasdamer
2 Bund Petersilie
500 g Tomaten
4 Eier
150 g Crème fraîche
4 EL Milch
Pfeffer
Muskatnuß

Kartoffeln mit Salz in der Schale kochen, pellen, abkühlen lassen. Vier hitzebeständige Portionsformen mit Butter ausstreichen. Käse in kleine Würfel schneiden oder grob reiben. Petersilie hacken. Tomaten in Scheiben schneiden.
Die Hälfte des Käses und der Petersilie in die vier Formen geben. Dann Kartoffel- und Tomatenscheiben abwechselnd einschichten. Den restlichen Käse darüberstreuen. Eier mit Crème fraîche, Milch und der restlichen Petersilie verquirlen.
Mit Salz, Pfeffer und Muskat würzen, über die Aufläufe gießen.
Im vorgeheizten Ofen bei 220 °C ca. 25-30 Minuten backen.

ca. 685 kcal/2867 kJ/Portion

Holländisches Kartoffelgratin (Abb. S. 9)

600 g Kartoffeln
600 g Lauch
1 Knoblauchzehe
Salz
20 g Butter
Pfeffer
¼ l Sahne
⅛ l Fleischbrühe (Instant)
150 g Gouda, mittelalt

Kartoffeln schälen, in dünne Scheiben schneiden. Lauch putzen, waschen und in hauchdünne Ringe schneiden. Die geschälte Knoblauchzehe in Salz zerdrücken. Eine hitzebeständige Form damit ausreiben, dann ausbuttern.
Lauchringe auf den Boden der Form verteilen, Kartoffelscheiben dachziegelartig darauflegen, mit Salz und Pfeffer würzen. Sahne mit Fleischbrühe und geriebenem Gouda verrühren, über die Kartoffeln gießen.
Im vorgeheizten Backofen bei 225 °C in ca. 35-40 Minuten goldbraun backen.
Dazu schmeckt knackiger Salat am besten.

ca. 471 kcal/1972 kJ/Portion

Kartoffelgratin mit Paprika

▷

500 g Kartoffeln
Salz
20 g Butter
2 rote Paprika (300 g)
1 Bund Lauchzwiebeln (150 g)
150 g Mettwurst, kleine Scheiben
125 g Maasdamer

Kartoffeln schälen, waschen, würfeln und 10 Minuten in Salzwasser garen. Eine hitzebeständige Gratinform mit Butter ausstreichen. Kartoffelwürfel auf den Boden der Form verteilen.
Die Paprikaschoten putzen, waschen, der Länge nach in Streifen schneiden. 2 Minuten in kochendem Wasser blanchieren, kalt abschrekken.
Lauchzwiebeln putzen, waschen, schräg in dünne Stücke schneiden. Mettwurstscheiben halbieren. Paprikastreifen, Wurstscheiben und Zwiebeln abwechselnd fächerartig auf den Kartoffeln anordnen. Käse grob reiben, darüberstreuen.
Im vorgeheizten Backofen bei 200 °C etwa 20 Minuten überbacken.

ca. 433 kcal/1814 kJ/Portion

Kartoffelgratin mit Frischkost-Sauerkraut

400 g Kartoffeln
150 g Crème fraîche
Meersalz
schwarzer Pfeffer
Muskatnuß
2 Stengel glatte Petersilie
1 große Zwiebel
1 EL Pflanzenmargarine
500 g Frischkost-Sauerkraut
1 Apfel
Wacholderbeeren
1 Tasse Gemüse-Hefebrühe (Reformhaus)
50 g geriebener Käse (Parmesan)

Kartoffeln in wenig Wasser ca. 30 Minuten garen, etwas abkühlen lassen, schälen und in dünne Scheiben schneiden. Crème fraîche mit Meersalz, Muskat, Pfeffer und feingehackter Petersilie gut verrühren. Die Zwiebel schälen, fein würfeln und in heißem Fett anschwitzen. Das grob geschnittene Sauerkraut dazugeben und kurz mitdünsten. Den Apfel in feine Scheiben schneiden und mit den Wacholderbeeren zum Sauerkraut geben. Mit Gemüsebrühe angießen und bei geringer Hitze ca. 10 Minuten köcheln lassen. Die Kartoffelscheiben und das Sauerkraut abwechselnd in einer gefetteten Auflaufform übereinanderschichten. Die Crème fraîche darübergießen und den Auflauf im vorgeheizten Backofen bei 180 °C etwa 30 Minuten backen.
10 Minuten vor Ende der Garzeit mit dem Käse bestreuen.

ca. 320 kcal/1280 kJ/Portion

Winter-Gratin

▷

600 g Kartoffeln
150 g Möhren
2-3 Stangen Lauch (250 g)
20 g Butter
1 kleine Zwiebel
1 TL Schnittlauchröllchen
1 TL gehackte Petersilie
150 g Gouda, mittelalt
¼ l Sahne
Salz
Pfeffer
Muskatnuß

Möhren und Kartoffeln schälen, Kartoffeln in feine Scheiben hobeln, Möhren in dünne Streifen schneiden. Lauch putzen, waschen, in Ringe schneiden. Eine Auflaufform mit Butter ausstreichen. Zwiebelwürfel auf dem Boden der Form verteilen. Kartoffelscheiben, Möhrenstreifen und Lauchscheiben mit Kräutern gemischt abwechselnd in die Form schichten. Einige Lauchringe und Möhrenstreifen zum Garnieren zurücklassen. Käse fein reiben, mit Sahne, Salz, Pfeffer und Muskat würzen, gleichmäßig über dem Gemüse verteilen. Zugedeckt bei 200 °C etwa 35 Minuten garen lassen. Noch weitere 10-15 Minuten offen backen. Vor dem Servieren mit feinen Lauchringen und Möhrenstreifen bestreuen.

ca. 454 kcal/1901 kJ/Portion

Kartoffelauflauf mit Blumenkohl

500 g Kartoffeln
1 Blumenkohl
3 EL Sahne
1 Schuß Weißwein
30 g Mehl
¼ l heiße Milch
¼ l Fleischbrühe
Salz
weißer Pfeffer
Muskatnuß
2 Eigelb, geschlagen
200 g Schinken, gewürfelt
Petersilie, gehackt
Emmentaler, in Scheiben

Kartoffeln in der Schale kochen, pellen. Blumenkohl putzen, in Salzwasser ca. 15 Minuten nicht ganz gar kochen, abtropfen lassen. In den Fond des Blumenkohls Sahne, Weißwein, Mehl, Milch und Brühe einrühren. Mit Salz, Pfeffer und Muskat würzen, 5 Minuten kochen lassen. Die Eigelb unterrühren. Die Soße nochmals erhitzen, nicht kochen. Den Blumenkohl in eine große Auflaufform setzen und die in Scheiben geschnittenen Kartoffeln rundum schichten, leicht salzen. Den Schinken auf den Kartoffeln verteilen, Soße darübergießen, mit Petersilie bestreuen und mit Emmentalerscheiben belegen. Im vorgeheizten Ofen bei 225 °C 10-15 Minuten überbacken.

ca. 471 kcal/1974 kJ /Portion

TIP

Nur soviel Fond verwenden, daß die Kartoffeln bedeckt sind.

125
125 ccm
Pikantje van Gouda

Spargel-Kartoffel-Auflauf

▷

1 kg grüner Spargel
800 g Kartoffeln
300 g gekochter Schinken
Butter
150 g Crème fraîche
Salz
weißer Pfeffer
1 Knoblauchzehe
100 g geriebener Emmentaler

Den Spargel an der unteren Hälfte schälen, in 3-4 cm lange Stücke schneiden und im kochenden Salzwasser nicht zu weich (bißfest) kochen, erkalten lassen. Die Kartoffeln in der Schale kochen, schälen und in dünne Scheiben schneiden. Den Schinken klein würfeln. Eine feuerfeste Form leicht ausbuttern. Die Spargelstücke mit den Kartoffelscheiben und dem Schinken schichtweise in die Form geben. Die Crème fraîche mit Salz, Pfeffer und dem gepreßten Knoblauch würzen und über dem Auflauf verteilen. Zuletzt den geriebenen Emmentaler darüberstreuen.
Im vorgeheizten Backofen bei 180-200 °C etwa 20 Minuten backen.

ca. 574 kcal/2404 kJ/Portion

Kartoffel-Brokkoli-Auflauf mit Bacon

600 g Kartoffeln
400 g Brokkoli
100 g Bacon, dünn geschnitten
3 Eier
2 EL Crème fraîche
200 g Emmentaler
1 kleiner Zweig Thymian
schwarzer Pfeffer
Salz
Butter für die Form

Kartoffeln waschen und 10-15 Minuten kochen, sie sollen noch etwas hart sein. Abgießen und auskühlen lassen. Brokkoli waschen, putzen und in 150 ml Wasser 7 Minuten garen, abgießen und in kleinere Stücke teilen.
Eine Kastenform von etwa 40 cm Länge mit Butter einfetten, mit Baconscheiben auslegen. Dann abwechselnd Kartoffel- und Brokkolistücke in die Form schichten. Eier mit der Crème fraîche verquirlen. Emmentaler reiben, Thymianblättchen abzupfen und hacken. Beides zu den Eiern geben, mit Salz und Pfeffer kräftig würzen und gut vermengen. Gleichmäßig auf dem Kartoffel-Brokkoli-Auflauf verteilen.
Im vorgeheizten Ofen bei 200 °C 20 Minuten überbacken. Vorsichtig auf eine große Platte stürzen und in Scheiben schneiden.

ca. 645 kcal/2700 kJ/Portion

Vollwert-Kartoffelauflauf

▷

1 kg Kartoffeln
2 Gemüsezwiebeln
2 EL Sonnenblumenkerne
¼ l Milch
¼ l Rinderbrühe
2 Eier
Salz
Pfeffer
Muskat
2 EL kernige Haferflocken
2 EL Paniermehl

Kartoffeln waschen, schälen und in dünne Scheiben schneiden. Gemüsezwiebeln schälen und in Viertelringe schneiden. Eine flache Auflaufform mit Butter einfetten und die Zwiebeln hineinlegen. Kartoffelscheiben hineinschichten. Die Sonnenblumenkerne dazwischen verteilen. Milch mit Rinderbrühe und Eiern verquirlen. Mit Salz, Pfeffer und etwas Muskat würzen. Haferflocken und Paniermehl über die Kartoffeln streuen und das Milchgemisch eßlöffelweise darüber verteilen, so daß möglichst zwischen jede Kartoffelscheibe etwas von der Flüssigkeit dringt.
Im vorgeheizten Backofen bei 200 °C 45-60 Minuten backen.
Eventuell nach 30 Minuten mit Alufolie abdecken.

ca. 375 kcal/1570 kJ/Portion

Kartoffelauflauf mit Champignons

600 g Kartoffeln
400 g Frühstücksfleisch oder Corned beef
300 g frische Champignons
1 TL Butter für die Form
Salz
Pfeffer
150 g Crème fraîche
4 Eier
2 EL gehackte Petersilie
100 g Appenzeller, gerieben

Kartoffeln in der Schale kochen, pellen und mit dem Fleisch in dünne Scheiben schneiden. Die Champignons putzen, mit einem feuchten Tuch abreiben und ebenfalls in Scheiben schneiden. Eine Auflaufform mit der Butter ausfetten und die vorbereiteten Zutaten schichtenweise hineingeben. Die Crème fraîche mit den Eiern, Salz, Pfeffer und der Petersilie verquirlen und über den Auflauf gießen. Den Käse darüberstreuen und im auf 220 °C vorgeheizten Backofen ca. 30 Minuten garen.

ca. 600 kcal/2512 kJ/Portion

TIP

Wenn Sie Frühstücksfleisch verwenden, brauchen Sie nicht mehr zu salzen.

Möhren-Kartoffel-Gratin

▷

500 g große Möhren
500 g kleine Kartoffeln
100 ml Sahne (30 % Fett)
150 ml saure Sahne
(10 % Fett)
2 Eier
Meersalz
schwarzer Pfeffer
Muskatnuß
Fett für die Form
80 g geriebener Käse
(40 % F.i.Tr.)
20 g Haselnüsse, gehackt

Möhren und Kartoffeln gut bürsten oder dünn schälen und in gleichmäßig dünne Scheiben schneiden. Süße Sahne, saure Sahne und Eier miteinander verquirlen und mit Salz, Pfeffer und Muskat würzen.
Eine ofenfeste Tarte- oder flache Auflaufform leicht fetten und abwechselnd die Möhren- und Kartoffelscheiben dachziegelartig einschichten. Die Sahne-Eier-Masse darübergießen. Den geriebenen Käse und die gehackten Nüsse darüberstreuen.
Im vorgeheizten Backofen bei 180-200 °C ca. 30 Minuten überbacken, bis die Sahne-Ei-Masse gestockt ist. Dazu paßt ein Frischkostteller.

ca. 456 kcal/1909 kJ/Portion

Auflauf Genueser Art

1 kg Kartoffeln, roh, geschält und in dünne Scheiben geschnitten
1 große Zwiebel, gewürfelt
40 g Steinpilze, getrocknet
1 Bund Petersilie
200 ml abgekochte Milch
100 ml Sahne
150 g Emmentaler, gerieben
4 EL Semmelbrösel
2 Eier
1 Knoblauchzehe
2 EL Butter
Salz
Pfeffer

Steinpilze sehr gründlich waschen, 20-30 Minuten in warmem Wasser einweichen. Pilze abgießen, das Wasser abfangen. Zwiebeln und Knoblauch in Butter dünsten, bis sie hellgelb sind. Pilze dazugeben, umrühren, etwas Pilzwasser und etwas Petersilie hinzufügen, aufkochen lassen und beiseite stellen.
Mit Salz und Pfeffer würzen. Die Hälfte der Kartoffeln dachziegelartig in eine gebutterte Auflaufform schichten, mit Salz bestreuen. Milch, Sahne, restliches Steinpilzwasser, Eier, Semmelbrösel, Emmentaler und restliche Petersilie zu einer dicklichen Masse verrühren. Einen Teil über die Kartoffeln geben. Pilze und restliche Kartoffeln darauflegen. Rest der Milch-Eier-Mischung darübergießen und eventuell nachwürzen.
Mit Alufolie abdecken und im vorgeheizten Ofen bei 200 °C 60 Minuten backen.

ca. 530 kcal/2219 kJ/Portion

Kartoffelauflauf mit Knoblauch

▷

100 ml Milch
2-3 EL Sahne
2 EL Vollkornmehl
2 Eier
Meersalz
Muskatnuß
2 Knoblauchzehen, zerdrückt
500 g Kartoffeln
2 EL Sesam, angeröstet
Fett für die Förmchen

Milch, Sahne, Mehl, Eier und die Gewürze gut miteinander verquirlen. Die Kartoffeln schälen und grob in die Milch-Ei-Masse raspeln. Vier feuerfeste Förmchen gut ausfetten, mit Sesam ausstreuen und die Masse bergartig einfüllen.
Im vorgeheizten Backofen bei 175 °C 30-40 Minuten backen. Die Förmchen stürzen und auf pürierten, vorher enthäuteten Paprikaschoten oder Tomaten anrichten. Dazu paßt gemischter Salat.

ca. 200 kcal/800 kJ/Portion

Kräuter-Käse-Kartoffeln

1 kg Frühkartoffeln
Basilikum, feingehackt
100 g geriebener Emmentaler
6 EL Öl
Salz
Pfeffer
4 Knoblauchzehen
Meersalz

Kartoffeln waschen, halbieren und mit der Schnittfläche auf eine gebutterte Fettpfanne legen. Bei 200 °C im vorgeheizten Backofen 20 Minuten backen. Basilikum mit Emmentaler vermischen. Öl zugießen, bis eine zähe Masse entsteht. Mit Salz und Pfeffer würzen. Knoblauch in dünne Scheiben schneiden. Kartoffeln umdrehen, je 2 dünne Scheiben Knoblauch und 1 TL der Käse-Kräuter-Masse auf jede Kartoffel geben.
Im vorgeheizten Backofen bei 200 °C 5-10 Minuten überbacken. Mit Meersalz bestreuen.

ca. 542 kcal/2269 kJ/Portion

TIP

Frühkartoffeln gibt es bereits ab Anfang Juni. Sie werden traditionell vor allem in Baden, in der Pfalz, am Niederrhein sowie im Raum Hannover angebaut. Die ersten Frühkartoffeln sind eine besondere Delikatesse. Sie sind zum Schälen zu schade und sollten am besten nur kräftig unter Wasser abgebürstet werden.

Kartoffel-Apfel-Gratin

▷

400 g Kartoffeln
300 g säuerliche Äpfel
200 g Tomaten
200 g Frischkäse mit französischen Kräutern
75 ml Sahne
1 Ei
4 EL Sonnenblumenkerne
Fett und Semmelbrösel für die Form

Die Kartoffeln mit Schale knapp gar kochen, pellen, abkühlen lassen und in dünne Scheiben schneiden. Eine Pie-Form (ø 28 cm) einfetten und mit Semmelbröseln ausstreuen. Die Äpfel schälen, vierteln und das Kerngehäuse entfernen. Von den Tomaten die Stielansätze entfernen. Äpfel und Tomaten in dünne Scheiben schneiden. Kartoffel-, Apfel- und Tomatenscheiben dachziegelartig in die vorbereitete Form einschichten. Frischkäse mit der Sahne und dem Ei verrühren und über das Gratin verteilen. Das Gratin im auf 190 °C vorgeheizten Backofen etwa 20 Minuten überbacken. Etwa 5 Minuten vor Ende der Garzeit die Sonnenblumenkerne über den Auflauf streuen.

ca. 446 kcal/1867 kJ/Portion

Anden-Kartoffeln

750 g Kartoffeln
3 Eier, getrennt
200 ml Kondensmilch
100 g Dreieck-Schmelzkäse
150 g Tilsiter, grob geraspelt
100 g gekochter Schinken
50 g geräucherter Schinken
50 g Emmentaler, gerieben
Semmelbrösel
Butter
1 EL Petersilie, gehackt
Oregano
Salz
Pfeffer

Kartoffeln in der Schale kochen, pellen und in Scheiben schneiden. Eiweiß kurz durchschlagen. Eigelb, Milch, Schmelzkäse, gewürfelten gekochten und rohen Schinken, Petersilie, Salz und Pfeffer dazugeben. Alles gut verrühren.
Souffléform ausfetten. Kartoffelscheiben und Tilsiter in jeweils drei Portionen teilen. Ersten Teil Kartoffelscheiben einschichten, mit etwas Oregano, Salz und Pfeffer würzen. Ein Drittel der Schinken-Käse-Masse über die Kartoffeln verteilen. Diesen Vorgang noch zweimal wiederholen.
Zum Schluß werden Semmelbrösel, geriebener Käse und einige Butterflocken darübergestreut.
Im auf 200 °C vorgeheizten Ofen 30 Minuten backen.

ca. 831 kcal/3479 kJ/Portion

Kartoffel-Birnen-Auflauf

▷

450 g Kartoffeln
50 g gekochter Schinken
3 Birnen
¼ l Milch
2 ½ gehäufte EL Klassische Mehlschwitze
75 g Gorgonzola
Salz
Pfeffer

Kartoffeln schälen, waschen und in dünne Scheiben schneiden. Schinken würfeln. Birnen schälen, vom Kerngehäuse befreien und in Achtel schneiden. Eine Schicht Kartoffeln in eine gefettete Pie-Form (ø 26 cm) legen und mit Salz und Pfeffer bestreuen. Schinken darübergeben und mit den restlichen Kartoffeln belegen. Mit Salz und Pfeffer bestreuen. Birnen kranzförmig darauflegen. Milch aufkochen, Mehlschwitze mit dem Schneebesen einrühren und eine Minute kochen lassen. Mit Salz und Pfeffer abschmecken. Kleingeschnittenen Gorgonzola in die Bechamelsoße geben und unter Rühren zergehen lassen. Soße über die Birnen geben. Im vorgeheizten Backofen bei 200 °C etwa 40 Minuten backen.

ca. 336 kcal/1408 kJ/Portion

Schinkenkartoffeln mit Eiern und Sahne

500 g Kartoffeln
1 Zwiebel
100 g Lauch
2 EL Butter oder Margarine
100 g gekocher Schinken
4 Eier, hartgekocht
¼ l Sahne
Salz
weißer Pfeffer
½ TL Kümmelpulver
1 Tasse gehackte Kräuter

Kartoffeln schälen und in feine Scheiben schneiden. Die Zwiebel schälen und fein hacken. Den Lauch putzen und in feine Streifen schneiden. Eine Auflaufform ausfetten und die Kartoffeln, die Zwiebel, den Lauch, den in Streifen geschnittenen Schinken und die in Scheiben geschnittenen Eier schichtweise hineingeben. Die Sahne mit Salz, Pfeffer und Kümmel kräftig würzen und gleichmäßig über den Auflauf verteilen.
Die Auflaufform in den auf 180 °C vorgeheizten Backofen schieben und etwa 20 Minuten garen.
Nach Ende der Garzeit die Schinkenkartoffeln anrichten, mit den gehackten Kräutern bestreuen und servieren.

ca. 615 kcal/2580 kJ/Portion

Allgäuer Ofenguck

▷

(1-2 Portionen)

200 g Kartoffeln
1 EL Butter
2 EL Sahne
3 Eigelb
75 g Mehl
1 TL Backpulver
1 Zwiebel
2 Scheiben Schinkenspeck
125 g Champignons
150 g Emmentaler
Salz, Kümmel
Muskat, Paprika

Kartoffeln am Vortag mit Salz und Kümmel 20 Minuten kochen, abgießen und abdämpfen.
Am anderen Tag pellen, grob reiben und möglichst noch 1-2 Stunden offen stehen lassen. Butter und Sahne miteinander cremig rühren, die Eigelb nach und nach darunterheben. Mehl und Backpulver vermischen und zusammen mit den Kartoffeln locker unter die Eigelbmasse heben. Mit Salz, Muskat und Paprika würzen. Den Teig in eine kleine Springform geben und glatt streichen.
Die Zwiebel, den Schinkenspeck und die Champignons in kleine Scheiben schneiden, auf den Kartoffelteig geben und zum Schluß den geriebenen Emmentaler darüberstreuen.
Bei 200 °C für 15-20 Minuten in den Backofen geben.

ca. 963 kcal/4032 kJ/Portion

Kartoffel-Pilz-Auflauf

1 Dose Mischpilze (425 g)
100 g Frühstücksspeck
5-6 mittlere gekochte Kartoffeln
2 EL Petersilie, gehackt
4 Eigelb
150 g Crème fraîche
Butter für die Form
Salz
Pfeffer

Die Kartoffeln mit der Schale kochen, pellen und in Scheiben schneiden. Eine feuerfeste Auflaufform gut ausbuttern, die Kartoffeln mit den gut abgetropften Mischpilzen dachziegelförmig in die Form schichten.
Den feingeschnittenen Frühstücksspeck und die feingehackte Petersilie darüber verteilen. Die Eigelb mit der Crème fraîche verrühren, salzen und pfeffern und über die Kartoffeln und Pilze gießen.
Im vorgeheizten Backofen bei 220 °C etwa 20 Minuten backen.

ca. 454 kcal/1900 kJ/Portion

Eier-Kartoffel-Auflauf mit Walnußkernen ▷

600 g Kartoffeln
2 große Äpfel
4 Möhren
1 große Zwiebel
50 g Walnußkerne
150 ml Sahne
3 Eier
Salz
Pfeffer
Zimt
20 g Butter

Kartoffeln, Äpfel, Zwiebel und Möhren schälen. Die Möhren raspeln, das restliche Gemüse in dünne Scheiben schneiden. Die Kartoffelscheiben in leicht gesalzenem Wasser blanchieren. Eine Auflaufform mit Butter ausstreichen.
Nun abwechselnd Kartoffeln, Zwiebeln, Möhren und Äpfel hineinschichten und würzen. Die letzte Apfelschicht mit Zimt bestreuen. Die Eier mit der Sahne verrühren, mit Salz und Pfeffer abschmecken und über den Auflauf gießen. Walnußkerne daraufgeben und den Auflauf bei 170 °C etwa 40 Minuten backen.

ca. 426 kcal/1784 kJ/Portion

Kartoffelauflauf mit Austernpilzen

400 g Kartoffeln
200 g Möhren
300 ml Gemüsebrühe
400 g Austernpilze
4 Frühlingszwiebeln
4 EL Butter
2 TL Thymian
Salz, Pfeffer
Muskat, Cayennepfeffer
300 g Crème fraîche
2 Eier
150 g Butterkäse, gerieben
2 EL Petersilie, gehackt
2 EL Schnittlauch

Die Möhren und die Kartoffeln in mundgerechte Würfel schneiden. Das Gemüse in der Brühe etwa 7 Minuten garen. Die Austerpilze in grobe Stücke, die Frühlingszwiebeln in Ringe schneiden und beides zusammen in Butter oder Margarine andünsten. Die Austernpilze, die Frühlingszwiebeln und den Thymian unter das Gemüse mischen. Mit Salz, Pfeffer, Muskat und Cayennepfeffer kräftig würzen.
Eine Auflaufform ausfetten, das Gemüse hineingeben.
Die Crème fraîche mit Ei und Butterkäse mischen. Petersilie und Schnittlauch unterziehen. Alles nochmals mit Salz und Pfeffer abschmecken und auf dem Gemüse verteilen. Den Auflauf im vorgeheizten Ofen bei 200 °C etwa 25 Minuten backen.

ca. 860 kcal/3600 kJ/Portion

Kartoffelauflauf mit Frühlingszwiebeln

▷

400 g Kartoffeln
2 Scheiben durchwachsener Speck (25 g)
200 g Frühlingszwiebeln
2 Möhren
2 Becher Joghurt à 150 g
2 Eier
½ l Milch
etwas klare Brühe
Salz, Pfeffer
1 Bund Schnittlauch
6 gehäufte EL Mehlschwitze
60 g geriebener Emmentaler

Kartoffeln schälen und in feine Scheiben schneiden. Frühlingszwiebeln in Ringe schneiden, Möhren grob reiben. In Würfel geschnittenen Speck, Kartoffeln, Frühlingszwiebeln und Möhren vermischen. Joghurt und Eier mit einem Schneebesen verrühren. Milch, klare Brühe, Salz, Pfeffer, feingeschnittenen Schnittlauch und Mehlschwitze hinzufügen, verrühren und abschmecken. Gemüse mit der Ei-Milch-Mischung vermischen und alles in eine gefettete Auflaufform geben.
Den Käse darüberstreuen und im vorgeheizten Backofen bei 175-200 °C 50-60 Minuten backen.

ca. 487 kcal/2039 kJ/Portion

Kartoffelauflauf auf Paprikasauce

300 g kleine Kartoffeln
1 kleine Zwiebel
100 g Steinpilze
20 g Butter
Salz
Pfeffer
½ Bund krause Petersilie
Butter für die Förmchen
2 Eier
100 ml süße Sahne

Für die Sauce:
2 große Paprikaschoten, rot
1 kleine Paprikaschote, grün
Salz
Pfeffer
10 g Butter

Kartoffeln kochen, abgießen und abkühlen lassen. Zwiebel fein würfeln. Pilze putzen und in Scheibchen schneiden. Die Zwiebeln in Butter glasig dünsten. Steinpilze dazugeben und kurz anbraten. Mit Salz und Pfeffer abschmecken und vom Feuer nehmen. Petersilie hacken, zu den Pilzen geben. Kartoffeln pellen und in dünne Scheiben schneiden. Feuerfeste Portionsförmchen ausfetten und abwechselnd Kartoffeln und Pilze hineinschichten. Die Eier mit der Sahne verquirlen, mit Salz und Pfeffer würzen. Den Guß auf die Förmchen verteilen und im vorgeheizten Ofen bei 225 °C 15 Minuten überbacken.
Inzwischen Paprikaschoten halbieren. Rote Paprika in Stücke schneiden und mit 150 ml Wasser und der Butter 7 Minuten dünsten. Dann ohne Flüssigkeit pürieren, mit Salz und Pfeffer würzen. Die grüne Paprika würfeln. Jeweils einen gestürzten Auflauf mit Sauce und Paprikawürfeln anrichten.

ca. 287 kcal/1203 kJ/Portion

Feta-Kartoffel-Gratin

▷

200 g Feta am Stück
2 Zwiebeln
2 EL Sonnenblumenöl
1 EL Margarine
200 g gekochter Schinken
1 kg Kartoffeln
1 Knoblauchzehe
200 ml Sahne
150 g Crème fraîche
2 Eier
Salz
Pfeffer
Muskatnuß
Paprika
Petersilie

100 g Feta fein zerbröckeln. Zwiebeln würfeln. Öl erhitzen und die Zwiebeln glasig dünsten. Schinken in Würfel schneiden, zu den Zwiebeln geben und kurz mit anbraten. Knoblauchzehen schälen und halbieren. Auflaufform ausfetten und mit den angeschnittenen Seiten der Knoblauchzehe einreiben. Kartoffeln schälen und in feine Scheiben schneiden. Kartoffeln, zerbröckelten Feta und Schinken-Zwiebel-Mischung nacheinander in die Form schichten, mit Salz und Pfeffer würzen. Die Sahne mit dem restlichem Feta pürieren. Anschließend Crème fraîche, Eier, Salz, Pfeffer, Muskatnuß und Paprikapulver unterrühren und über den Auflauf gießen. Im vorgeheizten Ofen bei 200 °C etwa 45 Minuten backen. Mit Petersilie garnieren.

ca. 840 kcal/3520 kJ/Portion

Bayerische Edelpilz-Kartoffeln

1 kg Kartoffeln
150 g Edelpilzkäse, etwas zerkleinert
1 Zwiebel
2 Eigelb
½ l Milch
2 EL Sahne
2 EL Butter
½ TL Thymian
Salz, Pfeffer
Knoblauchsalz

Kartoffeln in der Schale kochen, pellen und in Scheiben schneiden, mit Kräutern und Gewürzen mischen. Eine Auflaufform einfetten und Kartoffelmischung einfüllen. Die gewürfelte Zwiebel, 100 g Käsebröckchen, Milch, Eigelb und Sahne mit dem Mixer gut verrühren und unter die Kartoffeln ziehen. Obenauf den restlichen Käse mit Butterflöckchen geben. Auflaufform in den vorgeheizten Backofen schieben und bei 200 °C 15 Minuten goldgelb backen.
Dazu paßt am besten grüner Salat.

ca. 574 kcal/2401 kJ/Portion

Kartoffelauflauf mit Brokkoliröschen ▷

250 g Kartoffeln
2 Roggenbrötchen
4 Eier
200 g Brokkoli
100 g gekochter Schinken
125 g Butterschmalz
Salz
Pfeffer
Muskatnuß
1 TL Majoran
1 EL feingehackte Petersilie
50 g Semmelbrösel

Die Kartoffeln kochen, die Brötchen einweichen, die Eier trennen, Eiweiß steif schlagen. Den Brokkoli in Röschen teilen und in Salzwasser blanchieren. Den Schinken in Rauten schneiden. Die Kartoffeln schälen und durch die Presse drücken. Butterschmalz schaumig rühren, die Brötchen dazugeben und das steif geschlagene Eiweiß, die Brokkoliröschen und den Schinken darunterheben.
Eine Auflaufform ausfetten, die Masse einfüllen, abdecken und etwa 40 Minuten bei 180 °C im vorgeheizten Backofen garen.
Etwas Butterschmalz erhitzen, die Semmelbrösel darin bräunen und den Auflauf damit bestreichen.

ca. 930 kcal/3815 kJ/Portion

Kohlrabi-Kartoffel-Gratin

500 g Kartoffeln
Salz
250 g Champignons
20 g Butter
1 Bund Petersilie
400 g Kohlrabi
Pfeffer
Muskatnuß
100 g durchwachsener Räucherspeck
100 g mittelalter Gouda, gerieben
1 Zwieback

Kartoffeln mit Salz in der Schale kochen, pellen, abgekühlt in Scheiben schneiden. Champignons putzen, in Scheiben geschnitten in 10 g Butter 5 Minuten dünsten. Petersilie hacken (1 TL zurückbehalten) und zugeben. Kohlrabi schälen, waschen, halbieren oder vierteln, in Scheiben schneiden und in wenig Wasser etwa 8-10 Minuten dünsten. Gratinform mit der restlichen Butter ausfetten. Pilze einfüllen, Kartoffeln und Kohlrabi in Gruppen gefächert darauf verteilen. Mit Salz, Pfeffer und geriebener Muskatnuß würzen. Speck würfeln, ausbraten, über dem Gemüse verteilen.
Mit Käse und geriebenem Zwieback bestreuen. Im vorgeheizten Backofen bei 200 °C 15-20 Minuten gratinieren. Vor dem Servieren mit Petersilie bestreuen.

ca. 448 kcal/1874 kJ/Portion

Rosmarinkartoffeln

1 kg neue Kartoffeln
1 EL Rosmarin
100 g geriebener Schnittkäse
(40 % Fett i. Tr.)
1 EL Sonnenblumenkerne
100 ml Milch
Meersalz
Muskatnuß
Pfeffer
Fett für die Form

Die Kartoffeln gut bürsten und in sehr feine Scheiben schneiden. In kochendem Wasser 1-2 Minuten blanchieren. Mit den Rosmarin-Nadeln, dem Käse und den Sonnenblumenkernen vermischen und in eine flache, ausgefettete Auflaufform geben. Die Milch mit Muskat, Salz und Pfeffer abschmekken und darüberträufeln. Im vorgeheizten Backofen bei 200 °C ca. 30 Minuten backen, die letzten 10 Minuten abdecken.

ca. 280 kcal/1120 kJ/Portion

Abb. S. 41
Bunter Gemüseauflauf
(Rezept S. 52)

Gemüsevariationen

Brokkoli-Möhren-Auflauf mit Hirse

▷

150 g Hirse
300 ml Wasser
½ TL Salz
1 Msp. Safranpulver
500 g Möhren
500 g Brokkoli
20 g Butter
4 Eier
⅛ l Sahne
200 g Maasdamer

Die Hirse in kaltem Wasser aufsetzen, einmal aufkochen lassen. Mit Salz und Safran würzen, 30 Minuten bei milder Hitze ausquellen lassen. Möhren und Brokkoli putzen, waschen, in Scheiben bzw. Röschen teilen. Getrennt in wenig Wasser ca. 5-6 Minuten dünsten. Eier trennen. Die Eigelb mit Sahne, geriebenem Käse (2 EL zurückbehalten) und gekochter Hirse verrühren. Eiweiß steif schlagen, unter die Hirse geben. Ein Drittel der Hirsemasse und einige Brokkoliröschen und Möhrenscheiben beiseite stellen. Restliches Gemüse mit der Hirsemasse vermengen, in eine ausgefettete Auflaufform füllen. Hirse ohne Gemüse daraufstreichen. Mit zurückgelassenem Gemüse garnieren. Im vorgeheizten Backofen bei 200 °C 30-40 Minuten garen. 10 Minuten vor Ende der Garzeit mit dem restlichen Käse bestreuen.

ca. 554 kcal/2318 kJ/Portion

Gemüse-Hafer-Auflauf

180 g Haferkörner
1 Lorbeerblatt
1 l Gemüsebrühe
3 Möhren, mittelgroß
1 Zwiebel
¼ Sellerieknolle
1 Stange Lauch
40 g Butter
½ Blumenkohl
2-3 Eier
1 Becher saure Sahne
100 ml süße Sahne
1 Knoblauchzehe, gepreßt
Hefestreuwürze
50 g geriebener Käse
3 EL Vollkornsemmelbrösel
2 EL Sonnenblumenkerne

Haferkörner mit Lorbeerblatt in kochende Gemüsebrühe geben und ca. 35 Minuten garen, abgießen und abtropfen lassen. Inzwischen Möhren, Zwiebeln und Sellerie schälen und in kleine Würfel, den Lauch in Ringe schneiden. In heißer Butter andünsten, mit Gemüsebrühe angießen und ca. 15 Minuten garen. Das Gemüse abtropfen lassen. Den Blumenkohl in Röschen zerteilen und wenige Minuten blanchieren. Haferkörner und Gemüse miteinander mischen und in eine gefettete Auflaufform füllen. Eier, saure und süße Sahne, Knoblauch und Hefewürze verquirlen und über das Hafer-Gemüse-Gemisch gießen. Im vorgeheizten Ofen bei 200 °C etwa 20-25 Minuten backen.

ca. 450 kcal/1800 kJ/Portion

Auberginen-Auflauf mit Mozzarella

▷

500 g Auberginen
500 g Tomaten
Salz
Pfeffer
Rosmarin
200 g Zwiebeln
2 Knoblauchzehen
4 EL Öl
100 g Paniermehl
300 g Mozzarella

Auberginen waschen, in 0,5 cm dicke Scheiben schneiden, mit Salz bestreut 15-20 Minuten ziehen lassen. Tomaten häuten, das Fruchtfleisch grob hacken. Mit Salz, Pfeffer und Rosmarin würzen. Zwiebeln würfeln, mit zerdrückten Knoblauchzehen in Öl dünsten, nicht bräunen. Paniermehl daruntermischen. Auberginenscheiben gut abtropfen lassen und trockentupfen. Die Hälfte der Zwiebel-Brösel-Masse in eine Auflaufform geben. Tomatenwürfel, Auberginen- und Mozzarellascheiben abwechselnd fächerartig einschichten. Mit restlicher Zwiebel-Brösel-Masse und etwas Rosmarin bestreuen. Im vorgeheizten Ofen bei 200 °C etwa 30 Minuten backen.

ca. 403 kcal/1686 kJ/Portion

Gemüseauflauf à la Provence

300 g Zucchini
300 g rote Paprikaschoten
300 g Auberginen
500 g Kartoffeln
30 Butter
4 Eier
150 g geriebener Gouda
⅛ l Milch
4 EL Sahne
Salz
Pfeffer
1-2 TL Kräuter der Provence
2 Knoblauchzehen, gepreßt
1 EL Semmelbrösel

Kartoffeln in der Schale mit Salz kochen, pellen. Zucchini und Paprika in Scheiben bzw. in Streifen schneiden. 3 Minuten blanchieren (je 1 EL zum Garnieren übriglassen). Auberginen waschen, vierteln, in Scheiben schneiden, 10 Minuten mit Salz bestreut ziehen lassen, trockentupfen. Eier mit 100 g geriebenem Käse, Milch und Sahne verquirlen. Kräftig mit Salz und Pfeffer abschmekken, mit Kräutern mischen. Zum Schluß Knoblauch zugeben. Abwechselnd schichtweise Kartoffeln und einzelne Gemüsesorten in eine gefettete Auflaufform geben. Die einzelnen Lagen leicht pfeffern. Eier-Käse-Guß darüber verteilen. Mit dem restlichen Käse, Semmelbröseln und Butterflöckchen bestreuen. Im vorgeheizten Ofen bei 200 °C 45 Minuten backen. Vor dem Servieren mit Zucchini- und Paprikawürfeln bestreuen.

ca. 509 kcal/2133 kJ/Portion

Blumenkohl-Brokkoli-Gratin

▷

500 g Blumenkohl
500 g Brokkoli
Salz
2 Zwiebeln
30 g Butter
1 Fleischtomate
Pfeffer
Muskatnuß
150 g Gouda, mittelalt

Blumenkohl und Brokkoli putzen, waschen, in Röschen teilen. 5 Minuten in Salzwasser blanchieren. Kalt abschrecken, Röschen in Segmente schneiden.
Zwiebeln würfeln, in Butter glasig dünsten, in eine flache Auflaufform geben. Gemüse abwechselnd fächerartig einschichten. Gehäutete Tomate entkernen, würfeln und darüberstreuen. Im heißen Ofen bei 225 °C etwa 15 Minuten überbacken.

ca. 260 kcal/1093 kJ/Portion

Hirseauflauf mit Gemüse

2 EL Sonnenblumenöl
1 kleine Zwiebel
200 g Hirse
½ l Flüssigkeit
Hefewürze (Reformhaus)
Pfeffer, Vollmeersalz
1 Lorbeerblatt
200 g Champignons
300 g Erbsen (tiefgekühlt oder blanchiert)
2 Eier
2 EL Magermilchpulver
1 Knoblauchzehe
10 g Sojamehl
4 EL Wasser
Muskatnuß
Vollmeersalz
Pfeffer
50 g geriebener Käse

In heißem Pflanzenöl die geschnittene Zwiebel und die gewaschene Hirse kurz andünsten. Mit heißer Flüssigkeit (Wasser oder Gemüsebrühe) auffüllen, mit Hefewürze, Pfeffer, Salz abschmecken und zusammen mit dem Lorbeerblatt ca. 15 Minuten bei kleiner Flamme und geschlossenem Deckel kochen. Hirse mit Champignons, Erbsen, Knoblauch und Sojamehl vermengen. In eine gefettete Auflaufform geben. Eier, Magermilchpulver, Wasser und Gewürze verquirlen und über die Gemüsehirse geben, dann mit Käse bestreuen.
Bei 200-220 °C etwa 15 Minuten im Backofen überbacken.

ca. 376 kcal/1580 kJ/Portion

Holländischer Buchweizenauflauf ▷

150 g Buchweizengrütze
½ l Fleischbrühe
300 g Möhren
1 große Zwiebel
50 g Butter
2 Eier
⅛ l süße Sahne
Salz
Pfeffer
150 g geriebener Gouda
1 EL Zwiebackmehl

Buchweizengrütze auf einem Haarsieb kurz unter fließendem kaltem Wasser abbrausen. In Fleischbrühe ca. 15 Minuten garen, dabei ab und zu umrühren. Vom Herd nehmen und etwas abkühlen lassen. Möhren putzen, waschen, in Scheiben schneiden und mit Zwiebelwürfeln in 20 g Butter mit 3-4 EL Wasser garen. Feuerfeste Form ausbuttern. Eiweiß vom Eigelb trennen, Eiweiß steif schlagen. Eigelb mit Sahne, Salz, Pfeffer und ca. 100 g Gouda mischen. Gekochte Grütze, Möhren und zum Schluß den Eischnee unterheben. In die Form füllen. Mit restlichem Käse und Zwiebackmehl bestreuen, Butterflöckchen aufsetzen.
Im vorgeheizten Backofen bei 200 °C etwa 25-30 Minuten goldbraun backen.

ca. 565 kcal/2365 kJ/Portion

Blumenkohl-Grünkern-Auflauf

1 Blumenkohl, mittelgroß
Meersalz
etwas Zitronensaft
180 g Grünkern (Reformhaus)
1 l Gemüse-Hefebrühe (aus Extrakt)
250 g Quark (20 % Fett)
2 Eier
4 EL Milch
Pfeffer, Muskatnuß
1 Bund Schnittlauch

Blumenkohl in Röschen zerteilen und in wenig Wasser mit etwas Salz und Zitronensaft ca. 10 Minuten dünsten (der Blumenkohl sollte noch ewas Biß haben).
Grünkern in der Gemüsebrühe ca. 40 Minuten garen. Eine Auflaufform fetten, Blumenkohl und Grünkern hineingeben. Quark mit Eiern, Milch, Gewürzen und gehacktem Schnittlauch verrühren und über Blumenkohl und Grünkern geben.
Im vorgeheizten Backofen bei 200 °C etwa 20 Minuten überbacken.

ca. 310 kcal/1240 kJ/Portion

Spinatauflauf

▷

1 ½ kg Spinat
100 g Butterschmalz
75 g Mehl
200 g Bergkäse, fein geraspelt
¼ l Sahne
4 Eier
2 EL Semmelbrösel
Salz
Pfeffer
Muskatnuß
Fett für die Form

Spinat entstielen und waschen. Im Gemüsetopf nur mit dem anhängenden Wasser dämpfen, bis er zusammenfällt. Herausnehmen, abtropfen lassen, fein hacken. In einer Kasserolle Butterschmalz zerlassen, Mehl darin hell anschwitzen und mit Sahne ablöschen, glattrühren und 2 Minuten köcheln lassen. Eier trennen. Eigelb und Bergkäse einrühren, Eischnee vorsichtig unterheben. Glas- oder Kupferform fetten, mit Semmelbröseln ausstreuen und die Spinatmasse bis ¾ Höhe der Form einfüllen. Backofen auf 200 °C vorheizen, Bratenpfanne einschieben und 2 cm hoch heißes Wasser einfüllen. Form ins Wasser stellen und in 30-40 Minuten garen. Aus der Form stürzen und servieren.

ca. 831 kcal/3479 kJ/Portion

Grünkohlauflauf

500-600 g Grünkohl
1 mittelgroße Zwiebel
1 mittelgroßer Apfel
50 g Butter
Muskatnuß
Meersalz
Pfeffer
400 g Kartoffeln (als Pellkartoffeln gekocht)
1 Tasse Milch
2-3 Eier
Muskatnuß
Hefewürze (Reformhaus)
2 EL Schnittlauch

Grünkohl waschen, grob schneiden. Zwiebel und Apfel schälen und würfeln. Alles in heißem Fett anbraten, mit wenig Flüssigkeit aufgießen und 15-20 Minuten dünsten. Abkühlen lassen. die Hälfte des Grünkohls in eine gefettete Auflaufform füllen. Die garen Kartoffeln pellen, durch eine Kartoffelpresse auf den Grünkohl geben. Mit dem restlichen Kohl bedecken. Milch, Eier und Gewürze verquirlen und auf dem Auflauf verteilen. Im vorgeheizten Backofen bei 220 °C etwa 30 Minuten überbacken. Mit Schnittlauch bestreuen.

ca. 340 kcal/1360 kJ/Portion

TIP

Statt Kartoffeln laßt sich auch Getreide (Hirse, Reis, Grünkern etc.) in Aufläufe einarbeiten.

Kürbis-Zucchini-Gratin

▷

500 g Kürbisfleisch
¼ l Cidre (oder Apfelsaft)
3 Scheiben frischer Ingwer
1 Gewürznelke
2 mittelgroße Zucchini (300 g)
15 g Butter
5 EL Wasser
Zitronenpfeffer
60 g Sonnenblumenkerne
15 g Butter
200 g Crème fraîche
4 Eigelb
weißer Pfeffer
Salz

Das Kürbisfleisch in 1 cm große Würfel schneiden. Den Cidre mit 2 Ingwerscheiben, der Nelke und wenig Salz erhitzen. Den Kürbis darin in 5-10 Minuten bißfest garen. Abtropfen lassen. Zucchini waschen, in je 4 gleichgroße Stücke schneiden. Die Stücke längs achteln. Die Butter schmelzen, die Zucchini, das Wasser, den Zitronenpfeffer und Salz dazugeben. 5 Minuten kochen, abtropfen lassen. Die Sonnenblumenkerne fettfrei rösten. Vier Portionsgratinformen buttern. Crème fraîche mit Eigelb, Pfeffer und Salz verrühren, die restliche Ingwerscheibe zerdrückt dazugeben. Die Kürbisstücke auf der einen Seite der Gratinform, die Zucchinispalten, mit der Schale nach oben, auf der anderen Seite einschichten. Die Sonnenblumenkerne über das Gemüse geben und mit der Crème fraîche begießen.
Im vorgeheizten Backofen bei 225 °C 15 Minuten gratinieren.

ca. 475 kcal/1990 kJ/Portion

Bunter Gemüseauflauf (Abb. S. 41)

2 rote Paprikaschoten
3 Zucchini
500 g Brokkoli
3 Möhren
⅛ l Wasser
½ Würfel klare Gemüsesuppe
250 g Crème fraîche
100 g Gouda, gerieben

Paprikaschoten putzen, waschen, Kerne und weiße Innenhäute entfernen, in Streifen schneiden. Zucchini putzen, waschen und in Scheiben schneiden. Brokkoli putzen, waschen und in Stücke schneiden. Alles in eine flache Auflaufform geben. Möhren schälen, raspeln und auf dem Gemüse verteilen. Wasser zum Kochen bringen, die Würfelbrühe darin auflösen. Topf von der Kochstelle nehmen und die Crème fraîche einrühren. Die Soße über den Auflauf gießen und bei 200 °C etwa 20 Minuten im Backofen garen. Den geriebenen Käse darübergeben und weitere 20 Minuten überbacken.

ca. 425 kcal/1780 kJ/Portion

LIVERMORE, CALIFORNIA
750 ml
NOVEMBER
1
OCTOBER
31
HALLO

Chicorée-Auflauf

▷

500 g Chicorée
40 g Butter
1 rote Paprikaschote
1 grüne Paprikaschote
300 g Putenleber
Salz
Pfeffer
3 Eier
200 ml Sahne
150 g Maasdamer

Chicorée putzen, waschen, der Länge nach halbieren, bittere Keile herauslösen. Gemüse in 1 cm breite Stücke schneiden und 2-3 Minuten in 20 g Butter dünsten. Paprikaschoten vierteln, putzen, waschen, streifig schneiden. Putenleber ebenfalls in Streifen schneiden, in der restlichen Butter braten, mit Salz und Pfeffer würzen. Gemüse und Leber abwechselnd in eine flache Auflaufform schichten. Eier mit Sahne und 100 g geriebenem Käse verquirlen. Salzen, pfeffern und über den Auflauf gießen. Restlichen Käse darüberstreuen, im heißen Backofen bei 200 °C etwa 25 Minuten backen.

ca. 570 kcal/2394 kJ/Portion

Überbackener Spitzkohl

2 Köpfe Spitzkohl à 500 g
50 g Butter
Salz
Pfeffer
Muskatnuß
150 g gekochter Schinken
200 g Gouda, mittelalt
1 Ei
1 Zwieback

Spitzkohl putzen, waschen und halbieren. Dicke Strunkenden herauslösen. Butter in einem breiten, flachen Topf schmelzen. Kohlhälften hineinsetzen und zugedeckt bei milder Hitze gut 10 Minuten dünsten.
Gemüse salzen, pfeffern, mit Muskat würzen und auf einer hitzebeständigen Platte anrichten. Eine Mischung aus Schinkenwürfeln, grob geriebenem Käse und Ei großzügig auf die Gemüsehälften geben. Geriebenen Zwieback darüberstreuen und im heißen Ofen bei 200 °C 10 Minuten überbacken oder kurz unter den heißen Grill schieben.
Dazu schmecken in Butter und gehackten Kräutern geschwenkte Kartoffeln.

ca. 544 kcal/2278 kJ/Portion

LEERDAMMER

Wirsingauflauf

▷

160 g Grünkernschrot
400 ml Hefe-Gemüsebrühe
600 g Wirsing
Kräutersalz
4 Zwiebeln
4 TL Sonnenblumenöl
400 g Tomaten
1 Bund Majoran
weißer Pfeffer
Fett für die Form
200 g Gouda, gerieben
4 Eier
8 EL saure Sahne

Grünkernschrot in der Brühe aufkochen und unter gelegentlichem Umrühren bei schwacher Hitze etwa 25 Minuten ausquellen lassen. Wirsing putzen, waschen und etwa 8 Minuten in kochendem Salzwasser vorgaren, anschließend gut abtropfen lassen. Zwiebeln schälen, in Ringe schneiden und im Öl glasig dünsten. Tomaten waschen und in Scheiben schneiden. Majoranblättchen von den Stielen zupfen, waschen, kleinschneiden, unter den Grünkernbrei mischen und mit Pfeffer würzen. Eine gefettete Auflaufform schichtweise mit Grünkern, Wirsing, Tomaten und Käse füllen. Eier und Sahne verquirlen, salzen, pfeffern und über den Auflauf gießen. Als letztes die gedünsteten Zwiebelringe darauflegen. Bei 200 °C 20-25 Minuten backen.

ca. 590 kcal/2470 kJ/Portion

Rosenkohlgratin

200 g getrocknete Aprikosen
¼ l trockener Weißwein
400 g Maronen (Eßkastanien)
4 Zwiebeln
4 EL Butter
600 g Rosenkohl
1 TL Zitronensaft
Salz, weißer Pfeffer
Muskatnuß
Fett für die Form
200 g Schmand
150 g geriebener Gouda, mittelalt

Die Aprikosen im Wein ½ Stunde quellen lassen. Die Schalen der Kastanien kreuzweise einschneiden. Die Kastanien etwa 10 Minuten kochen, dann schälen und hacken. Die Zwiebeln würfeln, in Butter glasig dünsten. Den Rosenkohl mit andünsten und mit 150 ml Wasser ablöschen. Den Zitronensaft, etwas Salz und Muskatnuß hinzufügen. Das Gemüse aufkochen lassen, zugedeckt etwa ¼ Stunde garen. Alles in eine gefettete Auflaufform schichten. Den Schmand mit etwas Wein verrühren, gut pfeffern und über dem Auflauf verteilen.
Mit Käse bestreuen und im vorgeheizten Backofen bei 200 °C etwa 35 Minuten backen.

ca. 740 kcal/3098 kJ/Portion

Holländischer Kohlrabiauflauf

▷

500 g Kohlrabi
¼ l Fleischbrühe (Instant)
400 g gemischtes Hackfleisch
2 EL Öl
Salz
Pfeffer
2 EL Tomatenmark
2 Vollkorn-Zwiebäcke
1 Bund Petersilie
1 Tomate
100 g Gouda, mittelalt
30 g Butter

Kohlrabi putzen, schälen, achteln, in Spalten schneiden. In Fleischbrühe garen, abgießen, den Sud auffangen. Hackfleisch in Öl anbraten, mit Salz und Pfeffer würzen. Tomatenmark und Kohlrabikochsud darunterrühren. In eine Auflaufform füllen, Kohlrabispalten fächerartig darauflegen. Die Zwiebäcke fein zerbröseln, mit gehackter Petersilie sowie winzigen Tomaten- und Käsewürfeln mischen. Über den Auflauf streuen. Zugedeckt im vorgeheizten Backofen bei 200 °C etwa 25-30 Minuten garen. Vor dem Servieren die Butter in Flöckchen auf dem Auflauf schmelzen lassen.

ca. 558 kcal/2335 kJ/Portion

Frühlingsgratin

1 kg Kohlrabi
40 g Butter
1 kleine Zwiebel
Salz
Pfeffer
5 Scheiben Bacon (75 g)
100 g Gouda, mittelalt
Petersilienblättchen zum Bestreuen

Kohlrabi schälen, in dünne Scheiben schneiden, gezackt ausstechen. Restliches Kohlrabifleisch fein hacken, in Butter mit feingewürfelter Zwiebel 2 Minuten dünsten. Kohlrabischeiben und 4-5 EL Wasser zugeben. Salzen, pfeffern, 10 Minuten garen. Gemüse über einem Sieb abtropfen lassen.
Gehacktes Gemüse auf 4 kleine Gratinformen verteilen. Kohlrabischeiben daraufschichten. Mit kleingeschnittenem Bacon und geriebenem Gouda bestreuen. Im vorgeheizten Backofen auf mittlerer Schiene bei 200 °C ca. 10-15 Minuten garen lassen.
Vor dem Servieren mit gewaschenen, gezupften Petersilienblättchen bestreuen.

ca. 358 kcal/1498 kJ/Portion

Chicoréerosen-Auflauf Westfriesland ▷

4 Chicorée
4 Tomaten
400 g gemischtes Hackfleisch
1 Zwiebel
1 Bund Petersilie
1 Ei
Salz
Pfeffer
2 Zwiebäcke
20 g Butter

Chicorée putzen, waschen, bittere Keile herausschneiden. Das Gemüse in 2-3 cm dicke Scheiben schneiden. Tomaten waschen, ebenfalls in Scheiben schneiden. Aus Hackfleisch, feingewürfelter Zwiebel, gehackter Petersilie, Ei, Salz und Pfeffer und einem eingeweichten, ausgedrückten Zwieback einen Fleischteig bereiten. Eine feuerfeste Form mit 10 g Butter ausfetten. Die Hälfte der Chicoréestückchen und Tomatenscheiben in die Form schichten. Den Fleischteig darüber verteilen, mit den restlichen Chicoréerosen bedecken und die Tomatenscheiben aufrecht dazwischenstecken.
Mit geriebenem Zwieback bestreuen und Butterflöckchen aufsetzen. Im vorgeheizten Backofen bei 200 °C 25-30 Minuten backen lassen. Dazu schmecken Salzkartoffeln mit Dill.

ca. 410 kcal/1720 kJ/Portion

Spargelauflauf mit Mozzarella

1 kg Spargel
300 ml Gemüsebrühe
300 ml Weißwein
Saft von 1 Zitrone
1 Lorbeerblatt
4 Nelken
Pfefferkörner
4 EL Butter
150 g Champignons
4 Tomaten
Salz
Pfeffer
200 g Mozzarella
2 EL gehackte Petersilie

Den Spargel dünn schälen. Gemüsebrühe, Weißwein, Zitronensaft, Lorbeerblatt, Nelken und Pfefferkörner mit Butter in einem großen Topf aufkochen lassen. Den Spargel in den Sud legen und 7 bis 10 Minuten leicht kochen lassen. In der Zwischenzeit die Champignons in Scheiben schneiden. Die Tomaten enthäuten, entkernen und in Scheiben schneiden. Den Spargel aus dem Sud nehmen, gut abtropfen lassen und in eine flache Form legen. Die Champignons und die Tomaten gleichmäßig darüber verteilen, mit Salz und Pfeffer kräftig würzen. Den Mozzarella in Scheiben schneiden und auf den Tomaten anrichten.
Den Auflauf etwa 20 Minuten im heißen Ofen bei 220 °C überbacken. Mit Petersilie bestreuen.

ca. 360 kcal/1507 kJ/Portion

Gratinierte Fleischtomaten

▷

500 g Spinat
1 kleine Zwiebel
20 g Butter
Salz, Pfeffer
Muskatnuß
Butter zum Ausfetten
8 Fleischtomaten
6 EL Semmelbrösel
4 EL geriebener Käse
1 Knoblauchzehe
½ Tl getrocknetes Basilikum
3 EL Öl
1 EL Schnittlauchröllchen

Spinatblätter putzen, waschen, abtropfen lassen. Zwiebelwürfel in Butter glasig dünsten, Spinat dazugeben, 5 Minuten dünsten. Mit Salz, Pfeffer und Muskat abschmecken. Eine feuerfeste Form mit Butter ausfetten und das Gemüse einfüllen. Tomaten waschen, Stielansätze herausschneiden. Tomaten halbieren, unten und oben gerade schneiden und auf den Spinat setzen. Semmelbrösel, geriebenen Käse, zerdrückte Knoblauchzehe, Basilikum, Pfeffer, Öl und Schnittlauchröllchen mischen. Auf die Tomaten häufeln und im heißen Backofen bei 200 °C etwa 25 Minuten backen, bis alles goldbraun ist. Dazu paßt knuspriges Baguette.

ca. 320 kcal/1320 kJ/Portion

Tomaten-Pilz-Auflauf

500 g Tomaten
1 Dose Champignons (315 ml)
40 g durchwachsener Speck
1 Zwiebel
1 Packung Püreeflocken
¼ l Milch
2 EL Öl
Pfeffer, Salz
1 EL Petersilie und Oregano, gehackt
60 g Emmentaler, gerieben

Speck und Zwiebel in Würfel schneiden und in Öl anrösten. Die Champignons abtropfen lassen, mit den Speck- und Zwiebelwürfeln andünsten, mit Salz und Pfeffer würzen. Tomaten brühen, die Haut abziehen, in Achtel schneiden, dazugeben und kurz dünsten. Petersilie und Oregano darüberstreuen. Champignonflüssigkeit mit Wasser zu ½ Liter auffüllen, aufkochen und in eine Schüssel geben. Milch dazugeben. Püreeflocken einstreuen und kurz unterrühren. Nach einer Minute das Püree mit dem Schneebesen durchrühren und mit Salz und weißem Pfeffer abschmecken. Ein Drittel des Pürees in eine gefettete Auflaufform geben und die Tomaten-Pilz-Masse darauf verteilen. Das restliche Püree daraufgeben, glattstreichen und den geriebenen Emmentaler darüberstreuen.
Im vorgeheizten Backofen bei 225 °C 30-40 Minuten backen.

ca. 322 kcal/1348 kJ/Portion

Schwarzwurzelgratin

▷

500 g Schwarzwurzeln
5 EL Weißweinessig
Vollmeersalz
400 g Kartoffeln
200 g Möhren
150 g geriebener Butterkäse
glatte Petersilie
2 Eigelb
150 g saure Sahne

Die Schwarzwurzeln schälen und in dünne Scheiben schneiden, sofort in Essigwasser legen (damit sie nicht braun werden), wieder herausnehmen und ca. 8 Minuten kochen. Danach abgießen. Zwischenzeitlich die Kartoffeln und Möhren schälen, ebenfalls in dünne Scheiben schneiden und ca. 5 Minuten kochen. Schwarzwurzeln, Kartoffeln und Möhren in eine feuerfeste Form schichten und jede Lage mit Käse bestreuen.

Petersilie hacken und mit Eigelb und saurer Sahne verrühren, über dem Gemüse verteilen. Zum Schluß nochmals mit Käse bestreuen. Im vorgeheizten Backofen bei 200 °C etwa 20 Minuten überbacken.

ca. 370 kcal/1480 kJ/Portion

Überbackene Kichererbsen

200 g Kichererbsen
4-5 mittelgroße Möhren
1 mittelgroße Zwiebel
2 Stangen Lauch
1 Lorbeerblatt
1 TL Gemüsebrühe-Hefe-Extrakt (Reformhaus)
Pfeffer
Thymian
Fett für die Form
1 Becher saure Sahne
2 EL Crème fraîche
2 Eier
50 g geriebener Käse
Muskatnuß
2 EL Vollkornsemmelbrösel
Petersilie

Die über Nacht in ca. 2 l Wasser eingeweichten Kichererbsen mit dem Einweichwasser 50-60 Minuten garen. Möhren und Zwiebeln in kleine Würfel und den Lauch in 1 cm breite Ringe schneiden. Nach 45 Minuten zusammen mit dem Gemüse-Hefe-Extrakt, dem Lorbeerblatt, Pfeffer und Thymian zu den Kichererbsen geben und nochmals etwa 15 Minuten garen. Inzwischen saure Sahne, Crème fraîche, Eier, geriebenen Käse und Muskat miteinander verquirlen.

Kichererbsen und Gemüse abtropfen lassen (die zurückbleibende Flüssigkeit aufbewahren und bei nächster Gelegenheit als Soßengrundlage verwenden) und in eine gefettete Auflaufform geben. Mit der Sahne-Ei-Masse übergießen und mit Vollkornsemmelbröseln bestreuen.
Im vorgeheizten Backofen bei 180-200 °C etwa 30 Minuten überbacken. Mit gehackter Petersilie bestreuen.

ca. 300 kcal/1200 kJ/Portion

Champignongratin mit Erbsen

▷

500 g große Champignons
30 g Butter
300 g TK-Erbsen
Salz
Pfeffer
150 g Maasdamer, gerieben
1 Tomate

Pilze putzen, waschen, in dicke Segmente schneiden. Eine hitzebeständige Form mit 10 g Butter ausstreichen. Boden der Form mit aufgetauten Erbsen bedecken. Champignonscheiben darauf anordnen, restliche Erbsen und enthäutete, entkernte und gewürfelte Tomate darübergeben. Butterflöckchen aufsetzen. Im vorgeheizten Ofen bei 200 °C etwa 15 Minuten überbacken.

ca. 266 kcal/1115 kJ/Portion

Amaranth-Champignon-Auflauf

200 g Amaranth (Reformhaus)
400 ml Gemüsebrühe (evtl. Extrakt)
1 Lorbeerblatt
2 mittelgroße Zwiebeln
20 g Pflanzenmargarine
300 g Champignons
½ Tasse Weißwein oder 2 EL Zitronensaft
Meersalz
schwarzer Pfeffer
1 Prise Thymian
2 Tomaten
3 Eier
100 ml Milch
100 ml Sahne
½ Bund Schnittlauch
Meersalz
2 EL Sesam

Amaranth in kochende Gemüsebrühe geben, Lorbeerblatt zufügen, aufkochen lassen und bei geringer Energiezufuhr 30-35 Minuten garen. Die Zwiebeln würfeln und in heißem Fett leicht andünsten. Die geputzten und in Scheiben geschnittenen Champignons zugeben, ebenso Weißwein oder Zitronensaft, und ca. 5 Minuten mitdünsten. Mit Meersalz, Pfeffer und Thymian abschmecken. Die Hälfte des Amaranths in eine gefettete Auflaufform geben und mit den Pilzen belegen. Mit dem restlichen Amaranth abdekken. Eier, Milch und Sahne gut miteinander verquirlen, mit Schnittlauch und Meersalz abschmecken und die Masse über den Auflauf gießen. Mit Sesam bestreuen und im vorgeheizten Backofen bei 180-200 °C 35-40 Minuten backen.

ca. 460 kcal/1840 kJ/Portion

Gratinierter Sellerie

▷

1 Knollensellerie (500-600 g)
Salz
1 TL Essig-Essenz
200 g Möhren
200 g Zucchini
150 g Maasdamer
in Scheiben
1 Becher Vollmilch-Joghurt
2 Eier
Pfeffer
Muskatnuß

Sellerie putzen, waschen, in Scheiben schneiden. In wenig Salzwasser mit Essig-Essenz 15-20 Minuten kochen.
Herausnehmen, abtropfen lassen, die Scheiben halbieren. Möhren schälen, Zucchini waschen und beides grob raspeln. Halbe Selleriescheiben abwechselnd mit Käsescheiben in eine flache Auflaufform schichten. Gemüse dazwischen und außenherum verteilen. Joghurt mit Eiern, Salz, Pfeffer und Muskat verquirlen. Über Gemüse und Käse gießen.
Bei 200 °C im Backofen etwa 15-20 Minuten backen.
Dazu schmecken Pellkartoffeln, mit Kümmel gekocht.

ca. 270 kcal/1130 kJ/Portion

Gurkenauflauf mit Quark

800 g Salatgurken
2 Zwiebeln
1-2 Knoblauchzehen
100 g Butter
200 g gekochter Schinken
2 Bund Dill
Salz, Pfeffer
3 Eier
200 g Quark (20 % Fett)
200 g Schafskäse
¼ l Milch
125 g Hartweizengrieß
1 EL Semmelbrösel

Gurken schälen, der Länge nach halbieren, mit einem Teelöffel entkernen. Gurken quer in 1,5-2 cm breite Stücke schneiden. Zwiebelwürfel und zerdrückten Knoblauch in 60 g Butter in 2-3 Minuten glasig dünsten. Gurkenstücke dazugeben, 8-10 Minuten weiterdünsten. Gewürfelten oder in Streifen geschnittenen Schinken mit ⅔ des gehackten Dills mischen, mit Salz und Pfeffer würzen. Eier trennen, Eiweiß zu Schnee schlagen und kalt stellen. Eine große Auflaufform mit etwas Butter ausstreichen. Eigelb mit Quark schaumig rühren. Zerbröckelten Schafskäse, Milch und Grieß unterrühren. Mit Salz und Pfeffer abschmekken, Eischnee unterziehen. Die Hälfte der Masse in die Form füllen. Gurken-Schinken-Gemüse darübergeben, mit restlicher Quarkmasse zudecken. Mit Butterflocken und Semmelbröseln bestreut im vorgeheizten Backofen bei 200 °C 40-50 Minuten backen. Mit gezupftem Dill bestreuen.

ca. 803 kcal/3361 kJ/Portion

125 ccm

Pfifferlingsauflauf

▷

4 Eier
100 ml Sahne
850 g Pfifferlinge (Dose)
150 g gekochter Schinken
2 EL gehackte Petersilie
Salz
Pfeffer
Butter

Eine feuerfeste Form gut ausbuttern. Die gut abgetropften Pfifferlinge und den kleingeschnittenen gekochten Schinken sowie die gehackte Petersilie darin verteilen.
Die Eier mit der Sahne verquirlen, mit Salz und Pfeffer würzen und über die Pilze gießen. Im vorgeheizten Backofen bei 200 °C etwa 20 Minuten backen.

ca. 783 kcal/3279 kJ/Portion

Amsterdamer Auflauf

400 g frische Champignons
2 Zwiebeln
4 Frühlingszwiebeln
2 EL Butter
2 frische Pfirsiche
4 Tomaten
200 g saure Sahne
150 g Gouda, gerieben
Salz
Pfeffer
Muskatnuß
1 EL Schnittlauchröllchen
5 Eier, hartgekocht
Öl zum Ausfetten

Die Champignons mit einem feuchten Tuch abreiben, in dünne Scheiben schneiden.
Die Zwiebel fein hacken, die Frühlingszwiebeln in dünne Streifen schneiden.
Die Zwiebel in 1 EL Butter glasig dünsten, die Frühlingszwiebeln und die Champignons dazugeben, ebenfalls kurz mitdünsten.
Den Pfirsich und die Tomaten enthäuten, entkernen und in Scheiben schneiden.
Saure Sahne mit Gouda verrühren, mit Salz, Pfeffer und Muskat würzen, den Schnittlauch unterziehen. Eine Form ausfetten und die Zutaten hineinschichten. Die Eier in Scheiben schneiden, darauflegen und mit der Käsesauce überziehen.
Im vorgeheizten Backofen bei 200 °C etwa 20 Minuten backen.

ca. 500 kcal/2093 kJ/Portion

TIP

Pilze sind ein kalorienarmes Gemüse. Sie bestehen zu etwa 90 Prozent aus Wasser.

Pfifferlinge

Möhren-Austernpilz-Gratin

▷

500 g Möhren
¼ l Fleischbrühe (Instant)
125 g durchwachsener Räucherspeck
2 Zwiebeln
250 g Austernpilze
Salz
Pfeffer
1 Bund Lauchzwiebeln
10 g Butter zum Ausfetten
100 Gouda, gerieben

Möhren schälen, waschen, der Länge nach vierteln oder achteln, in 3-4 cm lange Stücke schneiden. In Fleischbrühe 10 Minuten garen, über einem Sieb abgießen. Speck- und Zwiebelwürfel ausbraten, Austernpilze darin ca. 3-4 Minuten durchbraten, salzen und pfeffern. Geputzte, gewaschene, kleingeschnittene Lauchzwiebeln dazugeben. Zusammen mit den Möhren in eine gefettete Gratinform füllen.
Mit Käse bestreut im vorgeheizten Backofen bei 220 °C etwa 5 Minuten gratinieren. Dazu schmeckt knuspriges Brot.

ca. 464 kcal/1942 kJ/Portion

Antjes Möhrengratin

500 g Möhren
20 g Butter
Salz
Pfeffer
4 EL Sahne
150 g Maasdamer
1 EL glatte Petersilie
1 Prise Zucker

Möhren schälen, waschen, der Länge nach vierteln. In ca. 4 cm lange Stifte schneiden. Butter schmelzen, Zucker zugeben. Möhren 3 Minuten darin andünsten, mit Salz und Pfeffer würzen. 4 EL Wasser und Sahne zugeben. Weitere 5-6 Minuten dünsten. Käse grob reiben. Gemüse mit Käse und Petersilienblättchen in eine hitzebeständige Form füllen. Im heißen Ofen bei 200 °C etwa 5-6 Minuten gratinieren.
Dazu schmecken am besten Petersilienkartoffeln.

ca. 239 kcal/1004 kJ/Portion

Gratinierte Paprikaschoten mit Bohnen ▷

2 Dosen grüne Bohnenkerne
(à 260 g Abtropfgewicht)
2 Paprikaschoten, rot
Salz
Pfeffer
4 Scheiben Frühstücksspeck
1 Bund Basilikum
2 Knoblauchzehen
2 Eier
100 g Gouda, mittelalt

Bohnen auf ein Sieb gießen, kalt abspülen, sehr gut abtropfen lassen. Paprikaschoten der Länge nach halbieren, Kerne herauslösen, waschen. Drei Minuten in kochendem Wasser blanchieren, kalt abschrecken und trocknen lassen.
Paprikahälften salzen, pfeffern und je eine Speckscheibe hineinlegen. Bohnen und gewaschenes, gut abgetrocknetes Basilikum (4 Spitzenblätter zum Garnieren zurückbehalten) pürieren. Geschälte, zerdrückte Knoblauchzehen, verquirlte Eier und die Hälfte des Käses unter das Bohnenpüree rühren. Mit Salz und Pfeffer würzen, in einen Spritzbeutel mit großer Sterntülle füllen und in die Paprikahälften spritzen. In einer feuerfesten Form im Ofen bei 200 °C etwa 20 Minuten backen. Restlichen Käse darüberstreuen, kurz übergrillen oder bei 250 °C goldgelb bräunen. Vor dem Servieren mit Basilikumspitzen garnieren.

ca. 738 kcal/3087kJ/Portion

Auflauf Anatolien

50 g durchwachsener Speck
1 Zwiebel
1 Knoblauchzehe, zerdrückt
Margarine zum Dünsten
250 g Champignons
1 Paprikaschote, rot
Salz
Pfeffer
Oregano
8 Scheiben Toastbrot
200 g gekochter Schinken
2 Eier
½ l Milch
150 g Crème fraîche
Muskatnuß
3 Scheiben Chester-Schmelzkäse

Speck und Zwiebel würfeln. Mit dem Knoblauch in Margarine andünsten. Feingeschnittene Champignons und Paprikaschote 10 Minuten mitdünsten und abschmekken. Brot und Schinken würfeln, mit dem Gemüse vermengen, in eine gefettete Auflaufform geben. Eier, Milch, Crème fraîche verschlagen, abschmecken und darübergießen. Käsestreifen darüber verteilen und Margarineflöckchen daraufsetzen. Im heißen Backofen bei 225 °C 30 Minuten überbacken.

ca. 522 kcal/2185 kJ/Portion

Zucchini-Weizen-Auflauf

▷

60 g Weizenkörner
3-4 kleine Zucchini (500 g)
40 g Butter
500 g Möhren
¼ l Sahne
2 gehäufte EL Crème fraîche
3-4 Eier
Salz
Pfeffer
Muskat
150 g Gouda, mittelalt

Weizenkörner über Nacht mit Wasser bedeckt einweichen. Im Einweichwasser etwa 30 Minuten garen.
Zucchini waschen, Blüten- und Stielansätze abtrennen, in Scheiben schneiden. Möhren putzen, waschen, grob raffeln. Zucchinischeiben 5 Minuten in 10 g Butter dünsten. Sahne, Crème fraîche, Eier und Gewürze verquirlen. 100 g geriebenen Gouda und die Hälfte der Weizenkörner daruntermischen. Zucchini, Gouda-Ei-Creme und die geraffelten Möhren abwechselnd in eine mit Butter ausgefettete ofenfeste Form einschichten. Mit restlichem Käse und Weizenkörnern bestreuen. Butterflöckchen aufsetzen. Im vorgeheizten Backofen bei 200 °C etwa 20-30 Minuten backen.

ca. 688 kcal/2880 kJ/Portion

Gemüse-Roggen-Auflauf

ca. 120 g Roggen (Reformhaus)
2 mittelgroße Zwiebeln
20 g Butter
4 Eier
150 g saure Sahne
100 ml süße Sahne
3 EL geriebener Käse (Gouda)
300 g Kartoffeln
400 g Möhren
Meersalz
weißer Pfeffer
glatte Petersilie

Roggenkörner über Nacht einweichen. Mit dem Einweichwasser ca. 60 Minuten kochen, abgießen und trocknen. Zwiebeln schälen, würfeln und in heißer Butter andünsten, zu dem Roggen geben.
Eier mit Sahne und Käse verrühren. Kartoffeln und Möhren schälen, grob in die Ei-Sahne-Masse hineinreiben und alles gut würzen. Eine feuerfeste Form fetten und abwechselnd Roggenkörner und Kartoffel-Möhren-Masse hineinschichten.
Auflauf auf der mittleren Schiene im vorgeheizten Ofen bei 200 °C etwa 45 Minuten überbacken.

ca. 460 kcal/1840 kJ/Portion

Gemüse-Frischkäse-Gratin

▷

600 g Spargel
400 g Brokkoli
2 Kohlrabi
400 g Zucchini
Butter für die Form
150 g Kräuer-Frischkäse
400 ml Sahne
1 Bund Schnittlauch
60 g Emmentaler, gerieben
3 Eigelb
Salz, Pfeffer

Spargel schälen, in 2 cm große Stücke schneiden, Brokkoli in Röschen zerteilen, Kohlrabi in kleine Würfel und Zucchini in dünne Scheiben schneiden. Das Gemüse getrennt in Salzwasser ca. 15 Minuten garen, abtropfen lassen und nach Sorten getrennt in eine gebutterte, feuerfeste Form schichten.

Frischkäse mit Sahne, feingeschnittenem Schnittlauch, geriebenem Käse und Eigelb gut verühren und mit Salz und Pfeffer abschmecken. Die Masse über das Gemüse verteilen und im vorgeheizten Backofen bei 180 °C etwa 30 Minuten überbacken.

ca. 617 kcal/2584 kJ/Portion

Gemüseauflauf mit Hafergrütze

200 g Hafergrütze
300 g Crème fraîche
200 ml Sahne
2 Knoblauchzehen
Salz
Pfeffer
150 g Gouda, alt
600 g Möhren
500 g Kartoffeln
300 g Lauchzwiebeln

Hafergrütze mit 150 g Crème fraîche, Sahne, einer zerdrückten Knoblauchzehe, Salz, Pfeffer und 100 g geriebenem Gouda verrühren. 30 Minuten quellen lassen. Möhren und Kartoffeln schälen, in Scheiben schneiden. Gewaschene Lauchzwiebeln in schräge Stücke schneiden. Möhren, Kartoffeln und Lauchzwiebeln in eine Auflaufform schichten.

Lagenweise salzen und pfeffern. Restliche Crème fraîche mit 3 EL Wasser und der zweiten zerdrückten Knoblauchzehe verrühren. Über das Gemüse geben. Jetzt die Hafermasse darüber füllen, glattstreichen. Im vorgeheizten Backofen bei 200 °C etwa 60 Minuten garen.

ca. 850 kcal/3558 kJ/Portion

Gratinierte Frühlingszwiebeln

▷

2-3 Bund Frühlingszwiebeln
4 Scheiben gekochter Schinken (200 g)
Butter für die Form
200 g Schnittkäse mit Schnittlauch

Frühlingszwiebeln putzen, waschen, der Länge nach teilen. 1-2 Minuten blanchieren, kurz mit kaltem Wasser abschrecken, abtropfen lassen. Schinkenscheiben locker aufrollen, in ca. 1 cm breite Stücke schneiden. In eine gefettete – am besten runde – Auflaufform legen. Passend geschnittene, halbierte Frühlingszwiebeln dicht nebeneinander auf dem Schinken anordnen. Schnittlauchkäse in Scheiben, dann in Streifen schneiden. Auf die Lauchzwiebeln legen. Form mit Alufolie abdecken.
Bei 200 °C etwa 20 Minuten im vorgeheizten Backofen garen.

ca. 272 kcal/1139 kJ/Portion

Chicoréegratin mit Schinkenfüllung

700 g Chicorée (etwa 6-8 Stauden)

Für die Füllung:
40 g Schalotten
200 g gekochter Schinken
30 g Butter
2 EL gemischte gehackte Kräuter (Petersilie, Schnittlauch, Basilikum, Liebstöckel)

Für die Sauce:
40 g Butter
20 g Mehl
½ l Milch
1 TL Salz
Pfeffer, Muskatnuß
300 g Gouda, gerieben

Von den Chicoréestauden, wenn nötig, die äußeren Blätter entfernen und den Strunk keilförmig herausschneiden. Dann die Stauden halbieren und in etwa 1 cm breite Streifen schneiden. Für die Füllung die Schalotten schälen und sehr fein hacken. Den Schinken in dünne Streifen schneiden.
Die Schalotten in Butter anschwitzen, die Schinkenstreifen dazugeben, einmal kurz in der Butter durchschwenken und sofort vom Herd nehmen. Die Hälfte der Kräuter darüberstreuen.
Die Hälfte des Chicorées in eine gebutterte Auflaufform geben, darauf die angebratenen Schinkenstreifen verteilen und mit dem restlichen Chicorée abdecken.
Für die Sauce die Butter in einer Kasserolle zerlaufen lassen, das Mehl einstreuen und hell anschwitzen. Mit der Milch aufgießen, mit Salz, Pfeffer und Muskat würzen und unter Rühren bei schwacher Hitze 10-15 Minuten köcheln lassen. Dann den Käse einrühren. Die Sauce auf das Gratin gießen und im heißen Ofen bei 220 °C 20-25 Minuten backen.

ca. 786 kcal/3293 kJ/Portion

Überbackener Fenchel

▷

4 Fenchelknollen (800 g)
300 g Frischkäse mit französischen Kräutern
Pfeffer
⅛ l Gemüsebrühe
2 EL trockener Wermut
30 g gehobelte Mandeln oder Haselnüsse

Den Fenchel putzen, waschen, längs halbieren, in kochendem Wasser 5 Minuten blanchieren, dann herausnehmen und abkühlen lassen. Die einzelnen Lagen der Fenchelknollen auseinanderziehen, mit 200 g Frischkäse bestreichen und mit der Schnittfläche nach unten in eine flache, feuerfeste Form setzen. Restlichen Frischkäse mit Gemüsebrühe und Wermut verrühren, auf dem Fenchel verteilen. Zum Schluß die Mandeln oder Haselnüsse darüberstreuen.
Den Fenchel etwa 30 Minuten im vorgeheizten Ofen bei 180 °C überbacken.

ca. 365 kcal/1480 kJ/Portion

Fenchel-Mais-Gratin

2 Fenchelknollen
Zitronensaft
¼ l Milch
Meersalz
schwarzer Pfeffer
etwas Hefe-Gemüsebrühe-Extrakt (Reformhaus)
20 g Butter oder Pflanzenmargarine
50 g Maisgrieß
30 g Gemüsemaiskörner
⅛ l Sahne (30 % Fett)
40 g geriebener Emmentaler
20 g gehackte Haselnüsse

Die Fenchelknollen putzen, den Stielansatz entfernen und zerlegen. Die Fenchelblätter in wenig Salzwasser mit Zitrone 10 Minuten garen. Zwischenzeitlich die Milch mit Butter, Meersalz, Pfeffer und Hefebrüheextrakt zum Kochen bringen. Den Maisgrieß einstreuen und bei geringer Energiezufuhr ca. 20 Minuten ausquellen lassen. Die Maiskörner zugeben. Die Sahne steif schlagen und mit dem geriebenen Käse vermischen. Die Hälfte der Masse unter den Maisbrei heben. Fenchel abtropfen lassen und auf feuerfeste Teller legen. Maisbrei darauf verteilen, den Rest der Sahne-Käse-Masse darüberziehen und mit gehackten Nüssen bestreuen. Im vorgeheizten Backofen bei 225 °C 8 Minuten überbacken.

ca. 385 kcal/1611 kJ/Portion

Zucchini-Tomaten-Gratin

▷

30 g Butter
750 g Zucchini
500 g Tomaten
Salz
Pfeffer
1 TL getrocknete Kräuter der Provence
150 g Gouda, mittelalt

Gratinform mit 10 g Butter ausstreichen. Zucchini putzen, waschen, in dünne Scheiben schneiden. 4 Minuten in kochendem Wasser blachieren, abgießen, abschrecken, abtropfen lassen. Tomaten waschen, in Scheiben schneiden. Abwechselnd mit Zucchinischeiben in die Form schichten, Butterflöckchen darauf verteilen. Wenig salzen, pfeffern, mit Kräutern der Provence würzen. Geriebenen Käse darüberstreuen. Im vorgeheizten Backofen bei 200 °C etwa 15-20 Minuten garen.

ca. 261 kcal/1095 kJ/Portion

Italienisches Gemüsegratin

2 Auberginen (etwa 400 g)
3-4 Zucchini (etwa 400 g)
je 1 Paprikaschote rot, grün und gelb
600 g Tomaten
150 g Zwiebeln
2 Knoblauchzehen, gepreßt
4 EL Olivenöl
Salz, Pfeffer
1 TL gehacktes Basilikum
½ TL gehackte Pfefferminze
½ TL gehackter Oregano
6 Sardellenfilets, halbiert
Butter für die Form
20 g Butter
20 g Mehl
⅛ l trockener Weißwein
etwas Milch
80 g Parmesan, gerieben

Auberginen und Zucchini waschen und in Scheiben schneiden. Paprikaschoten halbieren, Stielansatz und Kerne entfernen und in 1 cm breite Streifen schneiden. Tomaten häuten und vierteln oder achteln. Zwiebeln würfeln und in Öl anschwitzen. Dann Knoblauch, die Auberginen- und Zucchinischeiben sowie die Paprikastreifen in die Pfanne geben. Das Gemüse unter Rühren 1-2 Minuten dünsten, vom Herd nehmen. Tomaten zufügen, mit Salz, Pfeffer und den Kräutern würzen. Das Gemüse in eine gebutterte Auflaufform schichten, die Sardellenfilets darauf verteilen.
Für die Sauce die Butter erhitzen, das Mehl einstreuen und hell anschwitzen, mit Weißwein aufgießen. Die Sauce mit dem Schneebesen glattrühren und einige Minuten köcheln lassen. Mit Salz und Pfeffer würzen, evtl. mit Milch verdünnen. Zum Schluß den Käse unterrühren und die Sauce über das Gemüse gießen. Im vorgeheizten Backofen bei 210 °C 25-30 Minuten backen.

ca. 495 kcal/2072 kJ/Portion

Gratinierte Fenchelschalen

▷

4 Fenchelknollen (à 250 g)
Salz
1-2 EL Zitronensaft
4 Tomaten (300 g)
150 g Zucchini
4 Vollkorn-Zwiebäcke
Pfeffer
1 Bund Petersilie
125 g Maasdamer
1 TL gekörnte Brühe

Fenchelknollen putzen, waschen, halbieren, ca. 25 Minuten in ¼ l Salzwasser mit Zitronensaft garen. Gemüse herausnehmen, Brühe beiseite stellen. Fenchelhälften etwas aushöhlen, das Innere feinhacken. Kleine Tomaten- und Zucchiniwürfel mit zerbröselten Zwiebäcken mischen. Mit Salz, Pfeffer und gehackter Petersilie würzen. 2 Stiele zum Garnieren zurücklassen. Mit Käsewürfeln vermengen und die Fenchelhälften damit füllen. In eine hitzebeständige flache Form setzen. ⅛ l Gemüsebrühe mit gekörnter Brühe verrühren, in die Form gießen.
Im vorgeheizten Ofen bei 200 °C etwa 20-25 Minuten backen. Mit gewaschenen, gezupften Petersilienblättchen bestreuen.

ca. 321 kcal/1343 kJ/Portion

Dicke Bohnen auf holländische Art

2 kg dicke Bohnen
500 g Möhren
40 g durchwachsener Speck
1 Zwiebel
1 EL Honig
⅛ l Sahne
150 g Gouda, mittelalt, in Scheiben
1-2 TL Bohnenkraut oder Petersilie

Bohnen aus den Schoten lösen. Bohnenkerne waschen, zum Abtropfen auf ein Sieb geben. Möhren schälen, waschen, in Scheiben schneiden. Speck sehr fein würfeln, im Topf ausbraten, Zwiebelwürfel zugeben, glasig dünsten. Bohnen und 3-4 EL Wasser zugeben. Bei milder Hitze 10 Minuten zugedeckt garen. Honig, Möhrenscheiben und Sahne zufügen. Ca. 10 Minuten weitergaren. In eine flache, feuerfeste Form füllen. Goudascheiben in Dreiecke schneiden, in Streifen über das Gemüse legen.
Im heißen Ofen bei 220 °C oder unter dem Grill überbacken, bis der Käse schmilzt.
Mit Bohnenkraut oder gehackter Petersilie bestreut servieren.

ca. 630 kcal/2638 kJ/Portion

Brokkolisoufflé

▷

(für 6 Portionen)

1 Zwiebel
20 g Halbfettmargarine
500 Brokkoli
¼ l Fleischbrühe
Salz
Pfeffer

Für die Sauce:
30 g Halbfettbutter
25 g Mehl
⅛ l Milch, lauwarm
2 EL Sahne
4 Eigelb
Muskatnuß
100 g Gouda
4 Eiweiß
Butter für die Förmchen

Zwiebel würfeln und in der Margarine andünsten. Brokkoli waschen, in kleine Stücke zerteilen, zu den Zwiebeln geben, mit Brühe auffüllen, würzen und etwa 15 Minuten garen lassen. Brokkoli abtropfen lassen und pürieren. Für die Sauce die Halbfettbutter in einem kleinen Topf zergehen lassen, Mehl einrühren und anschwitzen. Nach und nach die Milch einrühren, zwischendurch mit dem Schneebesen gut glattrühren und kurz aufkochen lassen. Topf von der Kochstelle nehmen, das mit Sahne verschlagene Eigelb einrühren und würzen, Gouda in sehr feine Würfel schneiden und hinzufügen. Eiweiß steif schlagen und unterheben. Souffléformen fetten, Masse einfüllen und im vorgeheizten Ofen bei 200 °C 30-40 Minuten backen. Sofort servieren.

ca. 220 kcal/880 kJ/Portion

Spinatsoufflé mit Sesamkruste

250 g Blattspinat
20 g Butter oder Pflanzenmargarine
1 Zwiebel
2 EL Crème fraîche
schwarzer Pfeffer
Meersalz
Muskatnuß
2 Eigelb
4 Eiweiß
1 EL Weizenvollkornmehl
2 EL Sesam

Den Spinat waschen und die groben Stiele entfernen. Butter oder Margarine erwärmen und die gehackten Zwiebeln darin glasig dünsten. Den Spinat tropfnaß zugeben, den Topf schließen und 3-5 Minuten zusammenfallen lassen. Die Crème fraîche zugeben und ca. 5 Minuten dünsten, würzen. Den Spinat mit dem Pürierstab oder im Mixer pürieren, dabei die Eidotter einrühren. Das Eiweiß sehr steif schlagen und unterheben. Vier kleine Souffléförmchen ausfetten, mit Mehl und einem Teil des zuvor kurz angerösteten Sesams ausstreuen. Die Spinatmasse einfüllen und mit dem restlichen Sesam bestreuen. Im vorgeheizten Ofen bei 180-200 °C 15-20 Minuten überbacken.

ca. 190 kcal/760 kJ/Portion

Möhrensoufflé mit Schinken

▷

⅛ l Wasser
1 TL Fleischsuppe (Instant)
250 g Möhren
⅛ l Milch
3 EL Klassische Mehlschwitze
100 g Frischkäse
125 g gekochter Schinken
Petersilie
3 Eigelb
Salz, Pfeffer
Muskatnuß
3 Eiweiß

Wasser aufkochen, Fleischsuppe und in Stücke geschnittene Möhren hineingeben und etwa 10 Minuten garen. Möhren auf ein Sieb geben, abtropfen lassen, pürieren und abkühlen lassen. Milch aufkochen, Mehlschwitze mit dem Schneebesen einrühren und eine Minute unter Rühren kochen lassen. Frischkäse dazugeben und verrühren. Möhrenpüree, gewürfelten Schinken, feingehackte Petersilie und Eigelb darunterziehen und mit Salz, Pfeffer und Muskat abschmecken. Steif geschlagenes Eiweiß unter die Masse ziehen.

In eine gefettete Auflaufform oder in feuerfeste Portionsförmchen füllen und im vorgeheizten Backofen bei 175-200 °C etwa 35 Minuten backen.

ca. 258 kcal/1081 kJ/Portion

Zucchinisoufflé mit Sesam

30 g gemahlener Sesam
⅛ l Milch
⅛ l saure Sahne
5 EL Klassische Mehlschwitze
250 Zucchini, grob geraspelt
1-2 EL Zitronensaft
5 Eigelb
Salz, Pfeffer
Schnittlauch oder Petersilie
5 Eiweiß

Sesam im Topf ohne Fett kurz anrösten und etwas abkühlen lassen. Milch und saure Sahne dazugießen, aufkochen, Mehlschwitze einrühren und eine Minute unter Rühren kochen lassen. Zucchini, Zitronensaft und Eigelb darunterziehen und mit Salz, Pfeffer und Kräutern abschmecken. Steif geschlagenes Eiweiß unter die Masse ziehen. In eine gefettete Auflaufform füllen, im vorgeheizten Backofen bei 175-200 °C etwa 40 Minuten backen.

ca. 224 kcal/939 kJ/Portion

TIP

Das Gelingen eines Soufflés hängt von der Steife des Eischnees ab. Je steifer der Eischnee, desto leichter das Soufflé. Die Ofenhitze muß genau geregelt sein, damit das Soufflé schnell in die Höhe geht. Es muß sofort serviert werden, sonst fällt es zusammen.

Avocadosoufflé mit Zitrone

▷

2 reife Avocados
1-2 Zitronen
Meersalz
weißer Pfeffer
1 TL Sojamehl (Reformhaus)
3 Eier, getrennt
Fett für die Förmchen

Avocado schälen und das Fleisch pürieren. Mit dem Zitronensaft, Salz, Pfeffer, Eigelb und Sojamehl verrühren.
Eiweiß sehr steif schlagen und vorsichtig unter die Avocadocreme heben. Förmchen ausfetten, mit der Masse füllen (bis kurz unter den Rand) und im vorgeheizten Backofen bei 200 °C zusammen mit einem mit Wasser gefüllten Gefäß etwa 25 Minuten garen.

ca. 170 kcal/680 kJ/Portion

Möhrensoufflé mit Petersilie

▷

300 g Möhren
2 Eier, getrennt
1 EL Weizenvollkornmehl
5-6 EL Sahne
Meersalz
weißer Pfeffer
Koriander
1 Bund glatte Petersilie

Möhren schälen, in größere Stücke teilen und in wenig Wasser ca. 20 Minuten garen. Dann im Mixer oder mit Pürierstab pürieren. Mit Eigelb, Mehl, Sahne und den Gewürzen vermengen. Gehackte Petersilie zusammen mit dem sehr steif geschlagenen Eiweiß unterheben. In gefettete Förmchen füllen und im vorgeheizten Backofen bei 200 °C zusammen mit einem mit Wasser gefüllten Gefäß etwa 25 Minuten garen.

ca. 175 kcal/700 kJ/Portion

Brokkolisoufflé mit Pinienkernen

▷

300 g Brokkoli
3 Eier, getrennt
Meersalz
weißer Pfeffer
3 EL Crème fraîche
1 TL Vollkornmehl
1 EL Pinienkerne, gehackt

Brokkoli waschen und in Röschen zerteilen. In wenig Wasser ca. 15-20 Minuten dünsten, pürieren. Mit Eigelb, den Gewürzen, Crème fraîche und Mehl verrühren. Pinienkerne zusammen mit dem steif geschlagenen Eiweiß unterheben. In ausgefettete Förmchen füllen und im vorgeheizten Backofen bei 200 °C zusammen mit einem mit Wasser gefüllten Gefäß ca. 25 Minuten garen.

ca. 150 kcal/600 kJ/Portion

Käsesoufflé

3 Brötchen
¼ l Milch
70 g Butter
4 Eier, getrennt
Salz
Pfeffer
Muskatnuß
150 g Emmentaler, gerieben
3 Frühlingszwiebeln
2 EL Semmelbrösel
Butter für die Förmchen

Die Milch leicht erwärmen. Brötchen in Scheiben schneiden und in der Milch einweichen. 20 g Butter schmelzen und die in Röllchen geschnittenen Frühlingszwiebeln darin anschwitzen. Die eingeweichten Brötchen zufügen und kurz mit anschwitzen. Vom Herd nehmen und etwas abkühlen lassen. Restliche Butter schaumig rühren. Mit Eigelb, Gewürzen und Allgäuer Emmentaler mischen und unter die Brötchenmasse rühren. Eiweiß zu Schnee schlagen und unterheben. Tassengroße, feuerfeste Soufléförmchen mit Butter einstreichen und mit Semmelbröseln ausstreuen. Die Käse-Masse einfüllen, so daß die Förmchen nur ¾ voll sind. Im vorgeheizten Backofen bei 200 °C 15-20 Minuten backen. Sofort servieren.

ca. 501 kcal/2099 kJ/Portion

Abb. S. 95
Auberginenauflauf
(Rezept S. 110)

Deftiges mit Fleisch und Wurst

Puten-Wirsing-Auflauf mit Curry

▷

1 Wirsing (500 g)
300 g Putenschnitzel
3 EL Pflanzenöl
50 g Rosinen
50 g Mandeln
1 Dose Aprikosen (240 g)
2 kleine Bananen
¼ l Milch
3 EL Klassische Mehlschwitze
50 g geriebener Käse
Curry
Ingwer
Salz, Pfeffer
Muskatnuß

Den Wirsing putzen, die einzelnen Blätter abtrennen, waschen, die Blattrippe flachschneiden und etwa 5 Minuten in heißem Salzwasser blanchieren. Putenschnitzel in Streifen schneiden und in Öl anbraten, salzen und pfeffern. Die Rosinen waschen, die Aprikosen abtropfen lassen. Bananen in Scheiben schneiden. Alle Zutaten vorsichtig miteinander vermischen und in eine gefettete Auflaufform geben. Für die Käse-Sauce Milch aufkochen, mit Mehlschwitze binden und den geriebenen Käse darin schmelzen. Mit den Gewürzen kräftig abschmecken und über den Auflauf geben.
Im vorgeheizten Backofen bei 200 °C etwa 45 Minuten garen.

ca. 458 kcal/1920 kJ/Portion

Kohlrabi-Möhren-Auflauf mit Hackfleisch

700 g Kohlrabi
300 g Möhren
6 EL Öl
¼ l Fleischbrühe
100 g Zwiebeln, gewürfelt
1 Knoblauchzehe, gepreßt
50 g durchwachsener Speck
500 g Rinderhack
30 g Tomatenmark
Salz, Pfeffer
2 EL gemischte, gehackte Kräuter (Petersilie, Schnittlauch, Basilikum)
20 g Butter
20 g Mehl
⅛ l Milch
80 g Emmentaler, gerieben

Kohlrabi schälen und in Stifte schneiden. Die Möhren putzen und würfeln. 4 EL Öl erhitzen, die Kohlrabi und Möhren dazugeben und mit der Fleischbrühe übergießen. Das Gemüse 4-5 Minuten bei mittlerer Hitze dünsten, vom Herd nehmen, die Brühe absieben und beiseite stellen. Zwiebeln und Knoblauch in 2 EL Öl andünsten, den Speck gewürfelt dazugeben. Rinderhack zufügen und bei starker Hitze kurz anbraten. Dann Tomatenmark und ⅛ l Gemüsebrühe zusetzen und alles mit Salz, Pfeffer und den Kräutern würzen. 3-4 Minuten dünsten. Die Fleischmischung in eine gefettete Auflaufform füllen, mit Kohlrabi und Möhren belegen. Aus der Butter, dem Mehl, der Milch, Salz und Pfeffer eine Béchamelsauce kochen und zum Schluß den Käse darunterrühren. Die Sauce über den Auflauf gießen. Im vorgeheizten Ofen bei 200 °C etwa 30 Minuten backen.

ca. 506 kcal/2118 kJ/Portion

Auflauf mit Gemüse und Hackfleisch

▷

300 g Rinderhack
1 Blumenkohl
250 g Möhren
Salz, Pfeffer
⅜ l Wasser
1 Zwiebel
2 EL Butterschmalz
Curry, Thymian, Paprika
1 TL Butter
100 g durchwachsener Speck
¼ l Milch
2 Ecken Salami-Schmelzkäse
Petersilie

Blumenkohl putzen und in Röschen teilen. Möhren schälen, waschen, in dünne Scheiben schneiden. Beides in wenig kochendes Salzwasser geben, pfeffern und zugedeckt 15 Minuten garen. Butterschmalz in einer Pfanne erhitzen und das Hackfleisch hineingeben. Die gewürfelte Zwiebel zufügen und alles bräunen. Mit den Gewürzen abschmecken. Pfanne von der Kochstelle nehmen, mit Paprika würzen. In eine gebutterte Auflaufform abwechselnd Blumenkohl, Möhren und Hackfleisch einschichten. Speck würfeln und in einem Topf mit heißer Butter bräunen. Etwas Blumenkohlwasser und Milch zugießen. Schmelzkäse in Flöckchen zugeben und unter Rühren auflösen, aufkochen, die Sauce über den Auflauf geben. Im heißen Ofen bei 225 °C etwa 20 Minuten backen. Mit Petersilie bestreut servieren.

ca. 418 kcal/1751 kJ/Portion

Zwiebelauflauf

600 g Gemüsezwiebeln
4 EL Pflanzenöl
200 g Tomaten
500 g gemischtes Hackfleisch
2 EL Tomatenmark
2 TL Paprika edelsüß
Salz, Pfeffer
1 EL gehackte Petersilie
1 EL gehackter Schnittlauch
4 EL Rotwein
2 TL Mehl
30 g Butter
30 g Mehl
¼ l Milch
60 g geriebener Emmentaler

Zwiebeln in dünne Scheiben schneiden, in heißem Öl 3-4 Minuten dünsten, herausnehmen und abtropfen lassen. Die Tomaten enthäuten und hacken. Das Öl wieder erhitzen. Hackfleisch hineingeben, bei starker Hitze kurz anbraten. Tomaten und Tomatenmark dazugeben, mit Salz, Pfeffer, Paprika, Petersilie und Schnittlauch würzen. Mit Rotwein aufgießen, 5-6 Minuten schmoren. Mit Mehl bestäuben und eine weitere Minute schmoren. Pfanneninhalt mit Zwiebelscheiben mischen, in eine ungefettete Auflaufform füllen. Aus Butter, Mehl und Milch eine Béchamelsauce rühren, salzen, pfeffern und 10 Minuten köcheln lassen. Käse unterrühren und die Sauce über den Auflauf gießen. Im heißen Ofen bei 200 °C auf der unteren Schiene 25-30 Minuten backen.

ca. 648 kcal/2714 kJ/Portion

Krautknödel

▷

250 g gemischtes Hackfleisch
1 Weißkohl (1 kg)
1 EL Kapern
1 EL Tomatenmark
1-2 TL Senf
4 EL Semmelbrösel
2 EL Crème fraîche
Worcestersauce
Salz, Pfeffer
Knoblauchpulver
50 g Pflanzenfett
125 g Zwiebeln
250 g Tomaten
Paprika, Thymian
50 g Margarine

Weißkohl waschen, Blätter lösen und in Salzwasser 10 Minuten blanchieren. 2-3 Kohlblätter übereinanderlegen. Restlichen Kohl ebenfalls blanchieren und kleinschneiden. Hack mit Kapern, Tomatenmark, Senf, 1 EL Bröseln, Crème fraîche und Gewürzen vermengen. Den kleingehackten Kohl zum Hackteig geben und gut unterkneten, abschmecken. Die Masse auf die Kohlblätter verteilen, zu Klößen formen, mit einem Bindfaden zusammenbinden (8-10 Stück). In heißem Pflanzenfett anbraten, mit etwas Wasser ablöschen und 20-25 Minuten schmoren. Zwiebelwürfel und Tomaten in Vierteln mitschmoren, mit Salz, Pfeffer, Paprika und Thymian abschmecken. Margarine zerlassen, restliches Semmelmehl hinzugeben und verrühren. Über die Klöße geben und etwa 5 Minuten unter dem Grill überbacken.

ca. 562 kcal/2350 kJ/Portion

Weißkohlauflauf mit Fleischbällchen

500 gemischtes Hackfleisch
80 g Zwiebeln
Salz, Pfeffer
2 TL Paprika edelsüß
1 EL gehackte Petersilie
2 Eier
1 EL Semmelbrösel
2 EL geriebener Parmesan
½ l Fleischbrühe
800 g Weißkohl
1 EL Kümmel
100 g durchwachsener Speck
200 g saure Sahne
50 g geriebener Parmesan

Hackfleisch in eine Schüssel geben. Die Zwiebel würfeln und mit Salz, Pfeffer, Paprika, Petersilie, den Eiern, den Semmelbröseln und dem Parmesan zum Fleisch geben. Alles verkneten und kleine Bällchen formen, in kochender Fleischbrühe 3 Minuten ziehen lassen. Herausnehmen, warm stellen. Weißkohl in dünne Streifen schneiden, in die Brühe geben, mit Salz und Kümmel würzen und 15 Minuten dünsten. Den Speck würfeln, in der Auflaufform auf dem Herd einige Minuten anrösten. Den Kohl mit etwas Brühe in die Form füllen und mit Speckwürfeln vermischen. Die Fleischbällchen daraufgeben. Saure Sahne mit Käse verrühren, über die Bällchen gießen. Im heißen Ofen bei 210-220 °C 35-40 Minuten auf der unteren Schiene backen.

ca. 806 kcal/3379 kJ/Portion

Hackfleisch-Käse-Püree

▷

500 g Kartoffeln
⅛ l Sahne
125 g Kräuterschmelzkäse
⅛ l Fleischbrühe
400 g gemischtes Hackfleisch
2 Zwiebeln
1 Glas Paprikastreifen
1 Bund Petersilie
1 Bund Majoran
2 Knoblauchzehen, gepreßt
Salz, Pfeffer
Muskatnuß, Kümmelpulver
Nelkenpulver
1 Schale Sahneschmelzkäse
Fett zum Anbraten

Kartoffeln 20 Minuten kochen, schälen, durch eine Kartoffelpresse drücken. Sahne mit Kräuterschmelzkäse und Fleischbrühe verrühren, mit Salz, Pfeffer und Muskatnuß abschmecken. Hackfleisch mit gehackten Zwiebeln in Fett anbraten. Paprikastreifen abtropfen lassen, zum leicht gebräunten Fleisch geben. Petersilie und Majoran fein hacken, mit Knoblauch zum Fleisch geben. Alles gut vermischen, mit Salz, Pfeffer, Kümmel und Nelken abschmecken. Eine Auflaufform einfetten. Die Hälfte des Pürees in die Form geben, die Hackfleischmasse darüber verteilen, mit dem restlichen Püree zudecken. Schmelzkäse darüber streichen und im vorgeheizten Ofen bei 200 °C etwa 20 Minuten überbacken.

ca. 647 kcal/2712/kJ/Portion

Pußtaauflauf

50 g Schinkenspeck
2 große Zwiebeln
400 g Schweinefleisch, geschnetzelt
2 EL Butter
Pfeffer, Paprika
¼ l Brühe
2 Knoblauchzehen
1 TL Kümmel
2 EL gerebelter Majoran
300 g Kartoffeln
2 Paprikaschoten, rot
Butter für die Form
2 EL Tomatenmark
2 TL Salz
2 TL Zucker
2 EL Tomatenketchup
200 g saure Sahne
2 EL Mehl

Schinkenspeck und Zwiebeln würfeln, mit Schweinefleisch in einer Pfanne in 2 EL Butter andünsten. Mit Pfeffer und Paprika würzen. Die Brühe angießen, das Ganze zugedeckt etwa 10 Minuten garen. Knoblauchzehen würfeln, mit dem Kümmel und 1 EL Majoran zugeben. Kartoffeln schälen, mit den Paprikaschoten würfeln. Das Gemüse mit Fleisch in eine gebutterte Auflaufform schichten. Tomatenmark, Salz und Zucker in Wasser verrühren. Tomatenketchup mit saurer Sahne und Mehl anrühren und zum Tomatenmark geben. Über die restlichen Zutaten gießen. 1 EL Majoran darüberstreuen, im vorgeheizten Ofen bei 200 °C etwa 50 Minuten backen.

ca. 370 kcal/1549 kJ/Portion

Deftiger Eierauflauf mit Hackfleisch

▷

400 g gemischtes Hackfleisch
1 Dose geschälte Tomaten
1 Knoblauchzehe
1 Zwiebel
2 EL Olivenöl
1 Glas Rotwein
Salz, Pfeffer
1 Lorbeerblatt
1 TL Basilikum
1 TL Oregano
400 TK-Spinat
2 EL Butter
1 Prise Muskatnuß
Saft von 1 Zitrone
6 Eier, hartgekocht
150 g Mozzarella
1 Bund Petersilie

Fein gehackte Knoblauchzehe in Olivenöl anschwitzen. Hackfleisch dazugeben und kräftig braten. Gewürfelte Zwiebeln zugeben, kurz mitschwitzen. Die Tomaten mit Sud und Rotwein dazugießen, mit Salz, Pfeffer, Lorbeerblatt, Basilikum und Oregano würzen. Zugedeckt bei mittlerer Hitze 5-10 Minuten dünsten. Inzwischen den aufgetauten Spinat in Butter 5 Minuten dünsten. Mit Salz, Pfeffer, Muskat und Zitrone abschmecken, in eine gefettete Auflaufform schichten und mit der Hackfleischsauce überziehen. Mit den in Scheiben geschnittenen Eiern abdecken und mit Käse bestreuen. Im heißen Ofen bei 220 °C 10-15 Minuten überbacken und mit Petersilie bestreut servieren.

ca. 680 kcal/2855 kJ/Portion

Brotauflauf mit Fleischfüllung

30-40 Scheiben Baguette
50 g Zwiebel
50 g Möhren
30 g Butter
200 g gemischtes Hackfleisch
Salz, Pfeffer, Thymian
1 TL Paprika edelsüß
1 EL gehackte Petersilie
5 Eier
⅛ l Fleischbrühe
¼ l Milch
⅛ l Sahne
60 g geriebener Gruyère
40 g Butter

Zwiebel und Möhren würfeln. Die Tomaten brühen, häuten und würfeln. Zwiebel- und Möhrenwürfel in Butter andünsten. Hackfleisch zugeben, bei starker Hitze 3-4 Minuten anbraten. Tomaten zufügen, weitere 3-4 Minuten dünsten, vom Herd nehmen. Mit den Gewürzen und Kräutern abschmecken und mit einem Ei binden. Die Füllung auf die Hälfte der Brotscheiben verteilen und jeweils mit einer zweiten Scheibe zudecken. Die Brote schuppenartig in eine gefettete Form legen, mit Brühe befeuchten. Milch, Sahne und 4 Eier verrühren, darübergießen.
Den Auflauf im heißen Ofen bei 200 °C auf der unteren Schiene 20 Minuten backen. Mit Käse und Butterflöckchen bestreuen und weitere 15-20 Minuten backen.

ca. 770 kcal/3226 kJ/Portion

Hackfleisch-Käse-Auflauf

▷

750 g gemischtes Hackfleisch
250 g Lasagnenudeln
100 g Zwiebeln
60 g Butter
2 Knoblauchzehen, gepreßt
je 1 TL Majoran und Paprika
Salz
Pfeffer
1 Becher Crème fraîche
3 EL Milch
125 g Sahneschmelzkäse
2 EL Weißwein
Muskatnuß
400 g Edamer

Die Lasagnenudeln in gesalzenem Wasser kochen, kalt abschrecken und auf einem Küchentuch auslegen. Zwiebeln kleinschneiden. Butter zerlassen, in einer Pfanne das Hackfleisch und die Zwiebeln braten, mit Knoblauch und Paprika, Majoran, Salz und Pfeffer abschmekken. Crème fraîche und Milch erwärmen und den Schmelzkäse darin zergehen lassen. Mit Weißwein auffüllen und mit Muskat, Salz und Pfeffer würzen. Eine Auflaufform mit Butter ausfetten und abwechselnd Nudeln, Hackfleisch, Sauce und Käsescheiben übereinanderschichten. Die vorletzte Schicht sollte aus Sahne, die letzte aus Käse bestehen. Mit Alufolie abdecken und im heißen Backofen bei 200 °C etwa 15 Minuten backen.

ca. 1610 kcal/6743 kJ/Portion

Hackauflauf mit weißen Bohnen

375 g gemischtes Hackfleisch
2 Dosen weiße Bohnen
30 g Butter
125 g durchwachsener Speck
500 g Zwiebeln
Rosmarin
20 g Butterschmalz
Salz
Pfeffer
Knoblauchpulver
1 Ei
4 EL Semmelbrösel
20 g Butter in Flocken

Die Bohnen abtropfen lassen, den Saft dabei auffangen. Den Speck in der Butter ausbraten, die Zwiebeln in Scheiben schneiden und darin glasig dünsten, mit Rosmarin würzen. Die Hälfte der Bohnen in eine feuerfeste Form geben, die Zwiebeln darauflegen. In der Pfanne das Hackfleisch in Butterschmalz anbraten und mit Salz, Pfeffer und Knoblauchpulver würzen, auf die Zwiebeln geben, darüber die restlichen Bohnen verteilen und mit Knoblauchpulver würzen. Das Ei mit ¼ l Bohnenflüssigkeit verrühren, über den Auflauf gießen, mit Semmelbröseln und Butterflöckchen belegen.
Im vorgeheizten Ofen bei 250 °C etwa 30 Minuten überbacken. Dazu passen Bratkartoffeln.

ca. 1042 kcal/4363 kJ/Portion

Lamm-Gemüse-Auflauf mit Feta

▷

1 Glas Fetawürfel in Öl (150 g)
1 Aubergine (250 g)
1 Zucchini (200 g)
2 Möhren (100 g)
2 Kartoffeln
2 Zwiebeln
500 g Lammhackfleisch
1 kleine Dose Tomaten
2 Knoblauchzehen
Salz, Pfeffer
Muskatnuß
20 g Butter
30 g Mehl
½ l Milch
3 Eier

Fetawürfel in ein Sieb gießen und abtropfen lassen. Aubergine in Scheiben schneiden, salzen, ziehen lassen, abtupfen, in 2 EL Öl anbraten. Beiseite stellen. Zucchini in Scheiben schneiden und anbraten. Möhren und Kartoffeln in Scheiben schneiden und nacheinander in der Pfanne andünsten. Auberginen dazugeben. 2 EL Öl in einer Pfanne erhitzen und die in Ringe geschnittenen Zwiebeln glasig dünsten. Lammhack zugeben und anbraten. Tomaten und Knoblauch zugeben. Mit Salz, Pfeffer und Muskat abschmecken. Die Flüssigkeit einkochen lassen. Die Hälfte des Gemüses in eine Auflaufform geben, Lammhack darüber verteilen, restliches Gemüse daraufgeben. Aus Butter, Mehl und Milch eine Mehlschwitze herstellen, mit Salz, Pfeffer und Muskat würzen. Etwas abkühlen lassen, die Eier unterquirlen. Die Sauce über den Auflauf geben, Fetawürfel darüberstreuen, im heißen Ofen bei 200 °C 45 Minuten backen.

ca. 742 kcal/3108 kJ/Portion

Rindfleischgratin mit Champignons

600 g Rindfleisch aus der Unterschale
2 EL Butterschmalz
400 g Champignons
60 g Butter
2 Zwiebeln, gehackt
200 ml Fleischbrühe
2 EL Zitronensaft
Paprika, Salz, Pfeffer
2 EL Crème fraîche
100 ml trockener Weißwein
4 EL geriebener Emmentaler
4 EL gehackte Petersilie

Rindfleisch in feine Streifen schneiden, in heißem Butterschmalz kräftig anbraten. Mit Salz, Pfeffer und Paprika würzen, die Brühe zugießen. Aufkochen und bei kleiner Hitze 45 Minuten köcheln lassen. Champignons waschen, abtropfen lassen und mit Zitrone beträufeln. Zwiebeln in der Hälfte der Butter glasig braten, Pilze zugeben, mit Salz und Pfeffer würzen und gut durchdünsten. Mit Crème fraîche binden, Weißwein zugießen. Alles bei mittlerer Hitze zugedeckt 20 Minuten schmoren lassen. Rindfleisch mit Champignons in eine Gratinform füllen, mit Käse und Butterflöckchen bestreuen. Im heißen Ofen bei 220 °C gratinieren. Mit Petersilie dekorieren.

ca. 594 kcal/2489 kJ/Portion

PATROS
FETA
45%
- nach traditioneller Art -
Deutscher Weichkäse in reinem Pflanzenöl
150 g

Moussaka

▷

(2-3 Portionen)

500 g Auberginen
3 EL Pflanzenöl
1 Zwiebel
250 g Rinderhack
1 Knoblauchzehe
170 g passierte Tomaten
Salz, Pfeffer
Oregano, Thymian
25 g geriebener Parmesan
¼ l Milch
2 ½ EL Mehlschwitze
1 Eigelb

Auberginen längs in 1 cm dicke Scheiben schneiden, mit Salz bestreuen und ½ Stunde ziehen lassen, abtupfen. In heißem Öl goldgelb braten und herausnehmen. Zwiebel würfeln und im heißen Fett andünsten. Hackfleisch dazugeben und kräftig anbraten. Durchgepreßte Knoblauchzehe und Tomaten hinzufügen. Mit Salz, Pfeffer, Thymian und Oregano abschmecken. Auberginen, Hackfleischmasse und wieder Auberginen in eine gefettete Auflaufform geben, jede Schicht mit etwas Parmesan bestreuen. Für die Béchamelsauce Milch aufkochen, Mehlschwitze mit dem Schneebesen einrühren und eine Minute kochen lassen. Eigelb darunterziehen und mit Salz und Pfeffer abschmecken. Sauce über die Moussaka gießen und im vorgeheizten Ofen bei 175-200 °C etwa 60 Minuten backen.

ca. 516 kcal/2162 kJ/Portion

Auberginenauflauf (Abb. S. 95)

500-600 g Auberginen
Zitronensaft
6 EL Pflanzenöl
375 g Hackfleisch
2 Zwiebeln
1 Knoblauchzehe, gepreßt
Rosmarin, Thymian
Paprika, Salbei
Salz, Pfeffer
2 Fleischtomaten, mittelgroß
500 g Kartoffeln, gekocht
⅛ l Milch
4 EL Klassische Mehlschwitze
150 g Joghurt
125 g Crème fraîche
1-2 Eier
Muskatnuß

Auberginen in Scheiben schneiden, salzen, mit Zitronensaft beträufeln und ½ Stunde stehen lassen. Öl erhitzen und die Auberginen darin anbraten, herausnehmen und abtupfen. Das Hackfleisch mit den gewürfelten Zwiebeln und dem Knoblauch anbraten und mit den Gewürzen abschmecken. Kartoffeln in Scheiben, Tomaten in Spalten schneiden. Auberginen, Tomaten, Kartoffeln und Hackfleisch in eine gefettete Form einschichten. Für den Guß Milch aufkochen, mit Mehlschwitze binden und etwas abkühlen lassen. Joghurt, Crème fraîche, Eier, Salz und Muskat einrühren und über den Auflauf gießen. Im heißen Ofen bei 200 °C etwa 45 Minuten backen.

ca. 793 kcal/3319 kJ/Portion

Zucchini-Auberginen-Auflauf

60 g fetter Speck
250 g gemischtes Hackfleisch
300 g Gemüsezwiebeln
500 g Auberginen
500 g Zucchini
1 Brühwürfel
Salz
Pfeffer
1 TL Oregano
2 Gemüsetomaten (300 g)
250 g Maasdamer

Speckwürfel in einem großen, flachen Topf ausbraten. Hackfleisch darin anbraten. Zwiebeln würfeln, Auberginen in Stücke schneiden und ⅓ der Zucchini würfeln, den Rest in Scheiben schneiden. Das Gemüse 10 Minuten unter Rühren dünsten. Ca. ¼ l Fleischbrühe zugeben. Mit Salz, Pfeffer und Oregano würzen. Gehäutete, in Stücke geschnittene Tomaten und 150 g Käsewürfel unter das Gemüse mischen. Restlichen Käse reiben. Das Gemüse in eine feuerfeste Form schichten, mit Zucchinischeiben dachziegelartig zudecken. Mit Käse bestreuen und im vorgeheizten Backofen bei 200 °C etwa 30-40 Minuten garen lassen.

ca. 625 kcal/2618 kJ/Portion

Tomaten-Zucchini-Auflauf

2 mittelgroße Zwiebeln
750 g Zucchini
750 g Tomaten
100 Cervelatwurst
2 Knoblauchzehen
¼ l Milch
2 Eier
Salz, weißer Pfeffer
Muskatnuß
2 Scheiben Holländer-Schmelzkäse
Basilikum

Zwiebeln schälen und in Ringe schneiden. Zucchini und Tomaten putzen, waschen und in Scheiben schneiden. Zucchini, Tomaten, Zwiebeln und Cervelatwurst, bis auf 2 Scheiben, in eine Auflaufform einschichten. Zurückbehaltene Wurst in Streifen schneiden und auf den Auflauf streuen. Knoblauch schälen und durch die Knoblauchpresse drücken. Milch, Eier und Knoblauch verquirlen und mit Salz, Pfeffer und Muskatnuß pikant abschmecken.
Den Käse würfeln und auf dem Auflauf verteilen. Eiermilch darübergießen.
Im vorgeheizten Backofen bei 200 °C 30-40 Minuten backen. Mit Basilikumblättchen garnieren.

ca. 250 kcal/1040 kJ/Portion

Tomaten-Blumenkohl-Auflauf

4 Eier
500 g Blumenkohl
4 Fleischtomaten
400 g Rinderhack
1 Zwiebel
3 EL Semmelbrösel
1 EL Tomatenmark
Salz
Pfeffer
⅛ l Fleischbrühe
1 Bund Petersilie
50 g Gouda
20 g Butter

Eier hart kochen, schälen, grob hacken. Blumenkohl putzen, waschen, in Röschen teilen und in eine Auflaufform geben. Fleischtomaten mit kochendem Wasser überbrühen, kalt abschrecken, häuten. Hackfleisch mit feingewürfelter Zwiebel, 2 EL Semmelbröseln, Tomatenmark, Salz und Pfeffer würzen. Hackfleischmischung, zwei Drittel der gehackten Eier und Fleischbrühe über den Blumenkohl geben. Im vorgeheizten Backofen bei 200 °C etwa 30 Minuten garen. Herausnehmen, geviertelte Tomaten darauf verteilen. Gehackte Petersilie mit restlichen Semmelbröseln, geriebenem Käse und Eiwürfeln mischen und über den Auflauf streuen. Butterflöckchen aufsetzen und nochmals 10 Minuten garen.

ca. 529 kcal/2221 kJ/Portion

Blumenkohlauflauf grün-weiß

1 Blumenkohl
1 grüner Blumenkohl
Salz
500 g Fleischwurst
20 g Butter
200 geriebener Hartkäse
200 g Crème fraîche
2 Eier

Blumenkohlköpfe putzen, waschen und in Salzwasser ca. 10 Minuten kochen. Abtropfen lassen und beide Köpfe in Längsscheiben schneiden.
Feuerfeste Form mit etwas Butter ausstreichen. Kleinere Gemüsestücke auf dem Boden verteilen. Jetzt im Wechsel mit Fleischwurstscheiben grüne und weiße Blumenkohlscheiben fächerartig einschichten. Käse mit Crème fraîche und Eiern verrühren. Über den Auflauf gießen und im vorgeheizten Backofen bei 180-190 °C etwa 25-30 Minuten garen lassen.
Kurz vor dem Servieren restliche Butter in Flöckchen auf dem Gemüse schmelzen lassen.

ca. 594 kcal/2485 kJ/Portion

Wirsingauflauf mit Wurstkugeln

▷

1 kleiner Wirsing
Salz
600 g Pellkartoffeln
250 g grobe Teewurst
1 Bund Lauchzwiebeln
1 TL grüne Pfefferkörner
2 Eier
4 EL Butter
3/8 l Instant-Brühe
3 EL Semmelbrösel
3 TL grobkörniger Senf

Wirsing putzen und in Streifen schneiden. Im kochenden Salzwasser 3 Minuten blanchieren. Kartoffeln schälen, würfeln. Lauchzwiebeln in feine Ringe schneiden. Teewurst aus der Pelle lösen und mit einer Gabel zerdrücken. Die Hälfte der Lauchzwiebeln, Pfefferkörner und 1 Ei zufügen und alles miteinander vermengen. Auflaufform ausfetten. Mit einem Teelöffel Kugeln aus der Wurstmasse stechen, Abwechselnd Wirsing, Kartoffeln und Wurstkugeln in die Form schichten. Die Brühe angießen. Zweites Ei trennen. Restliche Butter mit Eigelb, Lauchzwiebelringen, Semmelbröseln und Senf vermengen. Eiweiß sehr steif schlagen und unter die Masse heben. Über dem Auflauf verteilen und im vorgeheizten Backofen bei 150 °C 40 Minuten überbacken.

ca. 595 kcal/2480 kJ/Portion

Lauchgratin mit Schinken

1 kg Lauch
Salz
200 g gekochter Schinken
100 g Gouda
Butter für die Form
30 g Butter
20 g Mehl
1/8 l Sahne
1/8 l Milch
Pfeffer
Muskatnuß
100 geriebener Gouda

Den Lauch putzen, waschen und in etwa 5 cm lange Stücke schneiden. In Salzwasser etwa 10 Minuten kochen, gut abtropfen lasen. Den Schinken und den Käse in Würfel schneiden. Die Hälfte des Lauchs in eine mit Butter ausgestrichene Auflaufform schichten. Die Schinken- und Käsewürfel darüberstreuen. Den restlichen Lauch einfüllen. Für die Sauce die Butter in einer Kasserolle zerlaufen lassen. Das Mehl einstreuen und hell anschwitzen. Mit der Sahne sowie der Milch aufgießen und kräftig rühren. Mit Salz, Pfeffer und Muskat würzen und bei geringer Hitze 8-10 Minuten kochen. Dann den Käse darunterrühren, bis er sich aufgelöst hat. Die Käsesauce über das Lauchgratin gießen.
Im vorgeheizten Backofen bei 200 °C auf der Mittelschiene etwa 30 Minuten überbacken.

ca. 582 kcal/2438 kJ/Portion

Schwarzwurzel-Rinderschinken-Gratin ▷

150 g TK-Erbsen
1 kg Schwarzwurzeln
1 kg Kartoffeln
Salz
1 EL Butter
200 g Rindersaftschinken in dünnen Scheiben
1 Bund Petersilie, glatt
2 EL Butter
2 EL Mehl
⅜ l Milch
Pfeffer
Muskatnuß
Zitronensaft
1 EL Butter

Erbsen auftauen, Schwarzwurzeln schälen und in 5 cm lange Stücke schneiden. Die Kartoffeln schälen und vierteln. Beides getrennt in wenig Salzwasser jeweils 20 Minuten garen. Rindersaftschinken in 2 cm breite Streifen schneiden und zu Röllchen wickeln. Petersilie fein hacken. Butter schmelzen, Mehl darin anschwitzen, mit ¼ l Milch ablöschen und glattrühren. Insgesamt ¼ l Gemüse- und Kartoffelwasser zufügen, mit Pfeffer, Muskat und Zitrone abschmecken. Kartoffeln zerdrücken, ⅛ l Milch und die Butter unterrühren und mit Muskat abschmecken. Kartoffelpüree mit einem Spritzbeutel an den Rand einer gefetteten Form spritzen. Schwarzwurzeln und Erbsen in die Soße geben, Petersilie unterrühren. Das Gemüse in die Mitte der Form geben, Schinkenröllchen einsetzen, bei 150 °C 15 Minuten gratinieren.

ca. 440 kcal/1835 kJ/Portion

Bohnenauflauf mit Hackfleisch

1 Zwiebel
1 Knoblauchzehe, gepreßt
80 g Butter
500 g gemischtes Hackfleisch
½ TL abgeriebene Zitronenschale
1 EL Thymian
Salz, Pfeffer
350 g grüne Bohnen
750 g Kartoffeln, festkochend
30 g Mehl
½ l Milch
250 g Maasdamer
250 g Tomaten

Zwiebelwürfel und Knoblauch in 30 g Butter glasig dünsten. Hackfleisch darin 5 Minuten unter Rühren braten. In eine Schüssel geben und mit Zitrone, Thymian, Salz und Pfeffer würzen. Bohnen 5 Minuten blanchieren. Kartoffeln schälen, dünn hobeln, mit einem feuchten Tuch abdecken, beiseite stellen. Für die Soße restliche Butter schmelzen, Mehl hineinrühren, mit Milch auffüllen. Käse darunterrühren, mit Salz und Pfeffer würzen. Eine Schicht Kartoffeln in eine gefettete Form füllen, Hackfleisch darübergeben, mit grob gehackten Tomaten bestreuen, mit Bohnen zudecken, salzen und pfeffern. Etwas Soße darüber verteilen und die restlichen Kartoffeln darauf schichten. Alles mit restlicher Soße bedecken. Im heißen Ofen bei 200 °C 60 Minuten garen.

ca. 993 kcal/4156 kJ/Portion

Frankfurter Auflauf

▷

500 g gekochtes Kasseler
1 Zwiebel
20 g Schmalz
500 g Sauerkraut
½ Würfel klare Fleischsuppe
1 Kartoffel
1 Beutel Flockenpüree
¼ l Milch
20 g Butter
200 g Gouda

Das Kasseler in mundgerechte Stücke schneiden. Zwiebel in Würfel schneiden und mit dem Schmalz in einer feuerfesten Form anbraten. Das Sauerkraut hinzufügen. ¼ l Wasser dazugießen, zum Kochen bringen und die Würfelbrühe darin auflösen. Alles etwa 10 Minuten kochen. Die Kartoffel schälen und reiben, dazugeben. Kleingeschnittenes Kasseler darauf verteilen.
Das Flockenpüree mit der Milch zubereiten und auf dem Auflauf verteilen. 20 g Butter darübergeben. Gouda reiben und darüberstreuen. Im vorgeheizten Backofen bei 200 °C etwa 20 Minuten backen.

ca. 805 kcal/3360 kJ/Portion

Sauerkrautauflauf

100 g durchwachsener Speck
100 g Zwiebeln
200 g gekochtes Kasseler Rippchen ohne Knochen
100 g geriebener Gouda
500 g gekochte Kartoffeln
600 g Sauerkraut
Butter für die Form
3 Eier
¼ l Milch
⅛ l saure Sahne
½ EL gehackte Petersilie
½ El Schnittlauch
Salz, Pfeffer
2 EL Semmelbrösel
2 EL geriebener Parmesan
60 g Butter

Den Speck in kleine Würfel schneiden, die Zwiebeln schälen und würfeln, das Rippchenfleisch ebenfalls in Würfel schneiden. Die Speckwürfel in einer Pfanne kurz anrösten. Dann die Zwiebelwürfel zugeben, hell anschwitzen und zum Schluß das gewürfelte Kassler zugeben. Gut durchmischen, vom Herd nehmen und erkalten lassen. Dann den geriebenen Gouda unterrühren. Die Kartoffeln schälen und in Scheiben schneiden. Das Sauerkraut abtropfen lassen. Eine große Form mit Butter oder Schweinefett ausstreichen, dann schichtweise Sauerkraut, Kartoffelscheiben und Speck-Käse-Mischung einfüllen. Die letzte Schicht sollte Sauerkraut sein. Für den Guß die Eier mit der Milch, der sauren Sahne und den Kräutern sehr gut verrühren, mit Salz und Pfeffer würzen und gleichmäßig über den Sauerkrautauflauf gießen. Die Semmelbrösel mit Parmesan mischen und darüberstreuen. Den Auflauf auf der unteren Schiene im vorgeheizten Backofen bei 200 °C 35-40 Minuten backen.

ca. 784 kcal/3282 kJ/Portion

Fränkischer Krautauflauf

▷

500 g gemischtes Hackfleisch
1 Kopf Weißkraut, mittelgroß
80 g Schweineschmalz
1 Zwiebel
1 Prise Salz
1 Lorbeerblatt
1 Gewürznelke
Pfeffer
50 g Speck, in Scheiben geschnitten
2 EL saure Sahne

Den gewaschenen Krautkopf kurz in heißes Wasser geben, 6-8 große Blätter ablösen. Das restliche Kraut in kleine Würfel schneiden und in heißem Schmalz mit der kleingeschnittenen Zwiebel, Salz, Lorbeerblatt und der Nelke weichdünsten. Lorbeerblatt und Nelke herausnehmen. Eine gut gefettete Auflaufform mit 3-4 großen Krautblättern auslegen. Das gedünstete Kraut mit dem Hackfleisch sowie etwas Salz und Pfeffer gut vermischen. Den Fleischteig auf die Krautblätter geben und alles mit den restlichen Krautblättern abdecken. Mit den Speckscheiben belegen und mit saurer Sahne bestreichen. Im heißen Ofen bei 200 °C etwa 60 Minuten braten. In Scheiben geschnitten auftragen.

ca. 674 kcal/2821 kJ/Portion

Hackfleisch-Kartoffel-Auflauf mit Äpfeln

500 g gemischtes Hackfleisch
1 eingeweichtes Brötchen
2 Eier
Salz
Pfeffer
250 g Äpfel (Cox Orange)
500 g gekochte Kartoffeln
1-2 Zwiebeln
50 g Semmelbrösel
30 g Butter

Das Hackfleisch mit dem ausgedrückten Brötchen, den Eiern, Salz und Pfeffer zu einem geschmeidigen Teig verkneten.
Die Äpfel schälen, entkernen und in Würfel schneiden. Die Kartoffeln ebenfalls würfeln. Die Zwiebeln reiben, alles unter das Hackfleisch mischen. Eine Auflaufform mit Butter ausfetten, mit Semmelbröseln bestreuen und mit Butterflöckchen belegen.
Im vorgeheizten Backofen bei 200 °C 30 Minuten überbacken.

ca. 692 kcal/2897 kJ/Portion

Sellerieauflauf mit Äpfeln und Bratwurst ▷

500 g Kartoffeln
Salz
Kümmel
500 g Knollensellerie
1 TL gekörnte Brühe
500 g Äpfel
1-2 EL Zitronensaft
300 g Schweinebratwurst
100 g Porree
30 g Butter
Pfeffer
½ TL Majoran
30 g geriebener Gouda

Kartoffeln in der Schale in Salzwasser mit Kümmel kochen, pellen, abkühlen lassen. Sellerie in 1 cm dicke Scheiben schneiden, schälen, in ¼ l Wasser mit gekörnter Brühe 15 Minuten kochen lassen. Über einem Sieb abgießen, den Sud auffangen. Äpfel waschen, vierteln, von den Kerngehäusen befreien, in Spalten schneiden, Mit Zitronensaft beträufeln. Bratwurstmasse in kleinen Klößchen in kochendes Wasser gleiten lassen, 2 Minuten garen, herausnehmen. Porree putzen, waschen, in feine Ringe schneiden. Eine hitzebeständige Form mit 10 g Butter auspinseln. Kartoffelscheiben, Klößchen und ⅔ der Porreeringe einfüllen. Darauf kommen abwechselnd in Stücke geschnittener Sellerie und Apfelspalten. Mit Pfeffer und Majoran würzen. Selleriekochsud darübergießen. Mit Käse und Butterflöckchen bestreuen.
Im vorgeheizten Backofen bei 220 °C etwa 40 Minuten garen lassen. Restliche Porreeringe 4 Minuten blanchieren und den Auflauf vor dem Servieren damit bestreuen.

ca. 524 kcal/2192 kJ/Portion

Kohlrabi-Fleischwurst-Gratin

3 Kohlrabi
30 g Butter
Salz
Pfeffer
Zucker
200 g Gouda, mittelalt
250 g Fleischwurst

Die Kohlrabi putzen, waschen und in Scheiben schneiden. In heißer Butter mit 3-4 EL Wasser, Salz, Pfeffer und einer Prise Zucker etwa 8 Minuten dünsten.
⅓ des Goudas reiben, den Rest in kleine Scheiben schneiden. Die Fleischwurst ebenfalls in Scheiben schneiden. Abwechselnd Kohlrabi-, Fleischwurst- und Käsescheiben in eine flache, feuerfeste Auflaufform schichten. Den geriebenen Gouda darüberstreuen.
Im vorgeheizten Ofen etwa 10-15 Minuten bei 200 °C überbacken oder unter dem Grill bräunen.

ca. 472 kcal/1977 kJ/Portion

Sommer-Auflauf

▷

300-400 g Kartoffeln
200 g Möhren
200 g Lauch
350 g Zucchini
Salz
1 Zwiebel
1 TL Öl
800 g gemischtes Hackfleisch
Pfeffer
1 Knoblauchzehe, gepreßt
6 Salbeiblätter, gehackt
150 g Kräuterfrischkäse, in Stücke geschnitten
250 g Tomaten
30 g Parmesan

Kartoffeln und Möhren schälen, in Scheiben schneiden. Lauch und Zucchini ebenfalls in Scheiben schneiden. In kochendem Salzwasser die Kartoffeln 5 Minuten blanchieren, die Möhren und Zucchini 3 Minuten, den Lauch 1 Minute. Gemüse zur Seite stellen. Zwiebel grob hacken, in Öl glasig dünsten. Das Hack zugeben und anbraten, mit Salz, Pfeffer, Knoblauch und 4 Salbeiblättern würzen. Die Hälfte der Kartoffeln in eine gefettete Form geben, eine Schicht Hack darauf verteilen. Die Hälfte des Frischkäses darübergeben. Dann das Gemüse bis auf einen Rest in die Form geben, darüber die übrigen Kartoffeln, den restlichen Frischkäse und das restliche Hack verteilen. Die Tomaten häuten, in Scheiben schneiden und auf das Hack legen. Um die Tomaten herum den Rest Gemüse verteilen, mit Salz, Pfeffer und Salbei würzen, mit Parmesan bestreuen. Im heißen Ofen bei 200 °C etwa 30 Minuten überbacken.

ca. 1006 kcal/4210 kJ/Portion

Kürbis-Schinken-Auflauf

1 kg Kürbis
⅛ l Fleischbrühe
150 g gekochter Schinken
5 g Butter
⅛ l Milch
150 g Crème fraîche
3 Eier
200 g Gouda, mittelalt
1 EL Petersilie, gehackt
Salz, Pfeffer
1 Msp. Cayennepfeffer

Den Kürbis schälen, entkernen, in Stücke und anschließend in 2-3 mm dünne Scheiben schneiden. In Fleischbrühe etwa 10 Minuten vorgaren. Mit Schinkenrechtecken oder -streifen in eine flache, ausgebutterte Auflaufform schichten. Milch, Crème fraîche, Eier, 150 g Käse, Petersilie (1 TL zurücklassen), Salz, Pfeffer und Cayennepfeffer gut verquirlen und über dem Auflauf verteilen. Restlichen Käse darüberstreuen. Im vorgeheizten Backofen bei 200 °C 25-30 Minuten garen. Vor dem Servieren die restliche Petersilie darüberstreuen.

ca. 530 kcal/2217 kJ/Portion

Sellerie-Fleisch-Gratin

▷

2 Staudensellerie (ca. 800-1000 g)
¼ l Fleischbrühe
250 g gemischtes Hackfleisch
250 g Beefsteakhackfleisch
40 g Butter
Salz, Pfeffer
4 kleine Äpfel
150 g Gouda, gerieben

Staudensellerie putzen, waschen, in gleich große Stücke teilen. In der Fleischbrühe 15 Minuten garen. Mit dem Kochsud in eine große oder 4 kleine hitzebeständige Formen füllen. Beide Sorten Hackfleisch in einer Pfanne in Butter anbraten, mit Salz und Pfeffer würzen. Äpfel vierteln, Kerngehäuse entfernen, in schmale Spalten teilen. Mit dem Hackfleisch zwischen die Selleriestücke schichten, Mit geriebenem Käse bestreuen. Im vorgeheizten Backofen bei 200 °C etwa 15-20 Minuten backen.

ca. 505 kcal/2112 kJ/Portion

Spinat-Hackfleisch-Auflauf

6 Eier
80 g Zwiebeln
1 Knoblauchzehe, gepreßt
80 g Butter
1 Lorbeerblatt
350 g gemischtes Hackfleisch
½ TL Salz
Pfeffer
1 TL Paprika edelsüß
1 kg Spinat
Butter für die Form
⅛ l Sahne
⅛ l Milch
1 Ei
Muskatnuß
80 g Gouda oder Parmesan

Die Eier hart kochen und in Scheiben schneiden. Die Zwiebeln würfeln, in 30 g zerlassener Butter hell anschwitzen, den Knoblauch, das Lorbeerblatt sowie das Hackfleisch zugeben und bei starker Hitze 3-4 Minuten anbraten. Mit Salz, Pfeffer und Paprika würzen. Den Spinat verlesen, in kochendem Wasser kurz zusammenfallen lassen, sofort wieder herausnehmen und in Eiswasser abschrecken. Eine große Auflaufform ausfetten. Zuerst eine Schicht Spinat, darauf eine Schicht Eischeiben und darauf Hackfleischmasse einfüllen. Glattstreichen und wieder mit Spinat beginnen. Die Form schichtweise füllen, bis alle Zutaten verbraucht sind. Einige Eischeiben zurücklassen. Die oberste Schicht sollte Spinat sein. Für den Guß die Sahne mit der Milch und dem Ei verrühren, mit Salz, Pfeffer und Muskat abschmecken. Zum Schluß den Käse darunterrühren, über den Auflauf gießen. Im heißen Ofen bei 200 °C etwa 20 Minuten backen. Mit 50 g Butterflocken belegen und weitere 20-25 Minuten backen. Mit Eischeiben garnieren.

ca. 775 kcal/3245 kJ/Portion

Auflauf mit Filetspitzen und Steinpilzen ▷

350 g Rinderfiletspitzen
100 g durchwachsener Speck
1 Zwiebel, mittelgroß
1 Knoblauchzehe
4 Eier
Cayennepfeffer
100 g Steinpilze
3 Brötchen, altbacken
60 g Butterschmalz
¼ l Sahne
Salz
Muskatnuß

Brötchen in dünne Scheiben schneiden. Zwiebel und Knoblauch fein hacken. Zwiebeln und fein gewürfelten Räucherspeck anbraten. Eier und Sahne verquirlen, mit Salz, Cayennepfeffer und wenig Muskatnuß würzen. Etwas Zwiebeln und Räucherspeck, dann eine Schicht Brötchenscheiben, darauf etwas gewürzte Sahne, darüber Filetspitzen und darauf eine Schicht feinblättrig geschnittene Steinpilze in die Auflaufform geben. Den Schluß bildet noch eine Schicht Brötchen. Den Rest der Würzsahne darübergießen, Butterschmalz-Flöckchen darauf verteilen und im heißen Ofen bei 200 °C 20 Minuten bei Unterhitze backen.

ca. 817 kcal/3421 kJ/Portion

Wildragout unter Maiskruste

800 g Hirsch- oder Rehschulter ohne Knochen
100 g Möhren
100 g Staudensellerie
200 g Zwiebeln
1 Knoblauchzehe, gepreßt
3 EL Pflanzenöl
⅛ l kräftiger Rotwein
1 TL Salz, Pfeffer
1 TL Rosenpaprika
Rosmarin, Thymian
2 Salbeiblätter
1 EL gehackte Petersilie
2 EL Tomatenmark
40 g Zwiebeln
20 g Butter
4 Scheiben Toastbrot
⅛ l Sahne
1 Ei
2 Dosen Mais (à 340 g)

Fleisch würfeln. Möhren putzen und würfeln, Sellerie in dünne Stifte schneiden. Die Zwiebeln würfeln, mit dem Knoblauch in Öl hell anschwitzen, wieder herausnehmen. Das Fleisch im Öl anbraten, danach die Zwiebel-Knoblauch-Mischung wieder zugeben, dazu die Möhrenwürfel und die Selleriestifte. Mit Rotwein aufgießen. Mit Salz, Pfeffer, Paprika, Thymian, Rosmarin, Salbei und der Petersilie pikant würzen. Tomatenmark zufügen und 10 Minuten köcheln lassen. Für die Kruste die Zwiebel würfeln, in Butter anschwitzen. Toastbrot würfeln, anrösten. Die Mischung in eine Schüssel füllen. Die Sahne mit Ei, Salz und Pfeffer verrühren, darübergießen. Maiskörner abtropfen lassen und untermischen. Ragout und darüber Maismischung in eine Auflaufform geben. Auf der unteren Schiene bei 200 °C 45-50 Minuten backen.

ca. 700 kcal/2931 kJ/Portion

Bäckerofen

▷

je 400 g Schweine- und Lammschulter mit Knochen
4 EL Butterschmalz
weißer Pfeffer
¼ l Elsässer Weißwein
15 Kartoffeln, mittelgroß
5 Zwiebeln, mittelgroß
Salz

Das Fleisch von den Knochen lösen und in gulaschgroße Stücke schneiden. Eine feuerfeste Form mit 2 EL Butterschmalz einfetten. Zwiebeln und Kartoffeln schälen und in dünne Scheiben schneiden. Die Form mit einigen Zwiebelringen auslegen. Darüber eine dicke Schicht Kartoffelscheiben legen. Mit Pfeffer und Salz bestreuen. Darauf die Fleischwürfel und anschließend eine Schicht Zwiebeln und Kartoffeln geben. Zwischendurch immer mit Salz und Pfeffer bestreuen. Auf die obere Schicht Kartoffeln kleine Flöckchen Butterschmalz verteilen. Seitlich den Wein angießen.
In den vorgeheizten Backofen auf die untere Schiene setzen. Bei 220 °C 90 Minuten garen.

ca. 908 kcal/3815 kJ/Portion

TIP

Das Elsässer Gericht verdankt seinen Namen der Herstellungsart: Früher trug man die Form nach der Zubereitung zum Bäcker, wo sie in den großen Öfen gebacken wurde.

Shepherd's Pie

1 kg Kartoffeln, geschält, gekocht und zerdrückt
500 g gemischtes Hackfleisch
1 große Zwiebel, gehackt
1 Dose geschälte Tomaten (400 g)
200 g Champignons
50 g Butter
Worcestersauce
1 EL Sahne
1 TL Petersilie
je 1 Msp. Majoran und Thymian
Salz, Pfeffer

Die Zwiebeln in Butter dünsten, Hackfleisch mitbraten und mit Salz, Pfeffer, Majoran und Rosmarin würzen. Tomaten mit Saft hinzufügen und mehrere Minuten aufkochen, dann beiseite stellen. Champignons in Streifen schneiden und in etwas Butter dünsten. Petersilie unterziehen und mit Peffer, Salz, Sahne und Worcestersauce abschmecken. Runde Soufléform mit Butter einfetten. Fleischmasse in die Form geben, Champignons darüber verteilen und Kartoffelbrei daraufsetzen. Mit Butterflöckchen belegen und in den auf 200 °C vorgeheizten Backofen schieben. Zuerst 10 Minuten bei 200 °C, dann noch 5 Minuten bei Oberhitze überkrusten lassen.

ca. 729 kcal/3053 kJ/Portion

Wurstgratin

▷

1 Paprikaschote, rot
1 Fenchelknolle
2 Zwiebeln
1 kleine Aubergine
2 Fleischtomaten
200 g Rohwurst in Scheiben
¼ l Sahne
1 EL Salbei, gehackt
50 g Parmesan, gerieben
50 g Cheddarkäse, gerieben
2 EL Paniermehl
Salz
Pfeffer

Paprikaschote halbieren, entkernen und in Stücke schneiden. Fenchelknolle vierteln, den Strunk entfernen und in Stücke schneiden. Zwiebeln schälen und vierteln. Das Gemüse in Salzwasser 2-3 Minuten kochen, auf einem Sieb abtropfen lassen und in eine große Auflaufform geben. Auberginen in Scheiben schneiden. Tomaten kurz blanchieren und enthäuten. Tomatenfleisch vierteln und entkernen. Auberginen und Tomaten in die Form geben. Wurstscheiben darauflegen. Sahne darübergießen und Kräuter hineinstreuen. Parmesan, Cheddar und Paniermehl vermischen und auf die Oberfläche des Gratins streuen. Im vorgeheizten Backofen bei 250 °C etwa 30 Minuten backen.

ca. 643 kcal/2691 kJ/Portion

Paprikapfanne mit Knoblauchwurst

100 g Zwiebeln
1 Knoblauchzehe
je 2 grüne und rote Paprikaschoten
2 EL Pflanzenöl
400 g Tomaten
Salz, Pfeffer
2 TL Paprika edelsüß
1 TL Oregano
1 EL gehackte Petersilie
6 EL Fleischbrühe
300 g geräucherte Knoblauchwurst
4 EL Semmelbrösel
150 g Erbsen, tiefgefroren
Butter für die Form
60 g Parmesan, gerieben

Die Zwiebeln schälen und in feine Würfel schneiden. Die Knoblauchzehe schälen und zerdrücken. Die Paprikaschoten entkernen und würfeln. Das Öl in einer Pfanne erhitzen. Die Zwiebelwürfel und den Knoblauch darin hell anschwitzen. Die Paprikawürfel dazugeben und bei guter Hitze 5-6 Minuten dünsten. Die Tomaten brühen, abziehen und würfeln. Zur Paprikamischung in die Pfanne geben. Mit dem Salz, etwas Pfeffer, dem Paprikapulver, dem Oregano und der Petersilie würzen. Die Fleischbrühe zugießen und das Ganze etwa 5 Minuten dünsten. Die Knoblauchwurst in feine Scheiben schneiden und mit den Semmelbröseln unter das Gemüse mischen. Die Erbsen zufügen. Die Paprika-Wurst-Mischung in eine gefettete Auflaufform geben, mit Parmesan bestreuen. Im vorgeheizten Ofen bei 200 °C auf der unteren Schiene etwa 20 Minuten backen.

ca. 465 kcal/1946 kJ/Portion

Schinken-Austerpilz-Gratin

1 EL Butter
2 Zwiebeln
250 g gekochter Schinken
600 g Austernpilze
3 Eigelb
250 g Butter
1 TL Zitronensaft
Salz
Pfeffer
1 Estragonzweig

Eine Gratinform ausfetten. Die Zwiebeln schälen und fein würfeln, den gekochten Schinken in Streifen schneiden. Austernpilze abreiben, große Pilze halbieren. Alles in die Gratinform geben. Eigelb mit 3 EL Wasser verquirlen und auf dem Wasserbad schaumig rühren, bis eine Creme entsteht. Mit Zitronensaft, Salz und Pfeffer abschmecken. Über die Schinken-Pilz-Mischung gießen, mit Estragonblättern belegen und bei 150 °C 20 Minuten gratinieren. Dazu warmes Baguette reichen.

ca. 824 kcal/3453 kJ/Portion

Fenchel-Schinken-Auflauf

2 Fenchelknollen (800 g)
Salz
500 g Tomaten
1 EL Butter
300 g roher Schinken
3 Eier
¼ l Milch
Pfeffer
Majoran
Muskatnuß
50 g geschälte Sonnenblumenkerne
200 g Gorgonzola
1 Zwiebel
1 EL Sonnenblumenöl
2 Tassen Langkornreis
1 Töpfchen Kerbel

Die Fenchelknollen putzen, waschen und der Länge nach in ½ cm dicke Scheiben schneiden. In Salzwasser 5 Minuten blanchieren. Tomaten waschen und in Scheiben schneiden. Auflaufform ausfetten. Den Schinken würfeln. In die Auflaufform die Hälfte des Fenchels und der Tomatenscheiben schichten, Schinken darauf verteilen, mit Fenchel und Tomaten bedecken. Eier und Milch verquirlen und mit Salz, Pfeffer, Majoran und geriebener Muskatnuß würzen. In die Auflaufform gießen, mit Sonnenblumenkernen bestreuen. Den Gorgonzola darauf verteilen und bei 150 °C 35 Minuten überbacken. Inzwischen die Zwiebel schälen und fein würfeln. Öl erhitzen und Zwiebelwürfel darin andünsten. Reis hineingeben und ebenfalls kurz in Öl dünsten. 4 Tassen Wasser und ¼ TL Salz zufügen und auf kleinster Flamme 20 Minuten ausquellen lassen. Nun den Kerbel waschen, fein schneiden und unter den fertigen Reis heben. Den Kerbelreis zum Auflauf reichen.

ca. 840 kcal/4100 kJ/Portion

Bohnen-Wurst-Gratin

▷

500 g Kartoffeln
Salz
½ TL Kümmel
500 g grüne Bohnen
1 TL gekörnte Brühe
20 g Butter
200 g Kalbfleischwurst in Scheiben
⅛ l Sahne
Pfeffer
150 g Schnittkäse mit Senfkörnern
Kerbelblättchen

Kartoffeln mit Salz und Kümmel in der Schale kochen, pellen, in Scheiben schneiden. Die Bohnen putzen, waschen, im ganzen in gut ⅛ l Wasser mit Brühe garen, abgießen, den Sud auffangen. Eine Gratinpfanne mit Butter ausstreichen. Im Wechsel Kartoffelscheiben, Fleischwursttütchen und Bohnen einfüllen. Gemüsesud mit der Sahne mischen. Mit Salz und Pfeffer würzen und darübergießen. Alles dick mit Käsescheiben belegen. Im vorgeheizten Backofen bei 200 °C ca. 20 Minuten gratinieren. Mit Kerbelblättchen bestreut servieren.

ca. 438 kcal/1834 kJ/Portion

Auberginen-Bierschinken-Gratin

2 Auberginen (ca. 700 g)
Salz
3 EL Margarine
500 g Tomaten
2 Zwiebeln
1 Knoblauchzehe
250 g Bierschinken in Scheiben
Pfeffer
1 Prise Zucker
1 Msp. Piment
2 EL Vollkorn-Semmelbrösel
1 EL Butter
1 Töpfchen Majoran

Auberginen waschen und in 1 cm dicke Scheiben schneiden. Mit Salz bestreuen und 20 Minuten ziehen lassen. Inzwischen eine flache Auflaufform mit 1 EL Margarine ausfetten. Nun die Tomaten mit kochendem Wasser überbrühen und häuten. Zwiebeln und Knoblauchzehe schälen und sehr fein würfeln. Tomaten achteln. Restliche Margarine in einer Pfanne schmelzen. Auberginenscheiben trockentupfen, in der Pfanne von jeder Seite einer Minute braten und fächerförmig abwechselnd mit dem Bierschinken und den Tomaten in die Form schichten. Zwiebel- und Knoblauchwürfel im Bratfett andünsten und über das Gemüse geben. Mit Salz, Pfeffer, Piment und Zucker bestreuen. Semmelbrösel darüber verteilen, mit Butterflöckchen unter dem Grill gratinieren, bis eine goldgelbe Kruste entsteht. Mit Majoranblättchen garnieren, dazu Bauernbrot reichen.

ca. 370 kcal/1530 kJ/Portion

Hirsegratin mit Katenrauchwurst

▷

1 Gemüsezwiebel
Salz
1 Brühwürfel
250 g Hirse
1 EL Butter
2 kleine Gewürzgurken
150 g Katenrauch-Mettwurst
Pfeffer
1 Becher Crème fraîche
100 g Kräuterfrischkäse
1 Bund Schnittlauch

Gemüsezwiebel schälen und in Salzwasser 30 Minuten garen. Inzwischen den Brühwürfel in ½ l Wasser auflösen, in die kochende Brühe die Hirse einstreuen, aufwallen und ca. 20 Minuten ausquellen lassen. 4 Gratin-Portionsförmchen ausfetten, die Gurken grob raspeln und die Katenrauchwurst würfeln. Hirse in die Förmchen füllen und glattstreichen. Gemüsezwiebeln in vier dicke Scheiben schneiden, auf die Hirse setzen, Gurkenraspeln und Wurstwürfel darauf verteilen. Mit Pfeffer würzen. Crème fraîche mit Frischkäse verrühren und die Wurstwürfel damit bedecken.
Bei 150 °C 20 Minuten gratinieren. Mit Schnittlauchröllchen bestreut servieren.

ca. 650 kcal/2690 kJ/Portion

Körniger Kohlrabiauflauf

60 g Buchweizen
400 g Kartoffeln
Salz
1 TL Kümmel
500 g Kohlrabi
100 Katenschinken
25 g Butter
4 Eier
8 EL Milch
Pfeffer
100 Gouda, gerieben

Buchweizenkörner in Wasser ca. 30 Minuten kochen, bis sie aufgequollen sind. Abgießen, abtropfen lassen. Die Kartoffeln in der Schale mit Salz und Kümmel garen, pellen, abgekühlt würfeln. Kohlrabi putzen (Herzblättchen aufheben), waschen, wie den Schinken in Scheiben schneiden. Eine feuerfeste Form mit 5 g Butter ausfetten. Buchweizen, Gemüse, Schinken und die Hälfte der gewaschenen und zerschnittenen Herzblättchen gemischt in die Form füllen. Eier, Milch, Salz, Pfeffer und 50 g geriebenen Käse verquirlen. Über den Auflauf gießen. Restlichen Gouda darüberstreuen, Butterflöckchen aufsetzen.
Im Ofen bei 200 °C auf der mittleren Schiene etwa 30 Minuten backen. Mit restlichem zarten Kohlrabigrün garnieren.

ca. 471 kcal/1978 kJ/Portion

Chicorée-Lachsschinken-Gratin

▷

4 Stauden Chicorée
Salz
3 EL Butter
2 EL Mehl
¼ l Fleischbrühe
2 Orangen
Salz
Pfeffer
Ingwerpulver
200 g Lachsschinken in Scheiben
50 g Sprossen

Chicorée waschen, halbieren und 1 Minute in kochendem Salzwasser blanchieren, abtropfen lassen. Butter erhitzen, Mehl hineinrühren. Mit Fleischbrühe und dem Saft einer Orange ablöschen.
5 Minuten kochen und mit Salz, Pfeffer und Ingwerpulver abschmecken. Lachsschinken-Scheiben aufrollen und in 4 kleine Gratinförmchen (oder eine große Form) legen. Mit den Chicoréehälften bedecken. Orange filetieren und mit den Sprossen darauf verteilen. Die Soße darübergießen.
Im vorgeheizten Backofen bei 150 °C etwa 30 Minuten gratinieren. Als Beilage Reis servieren.

ca. 250 kcal/1050 kJ/Portion

Paprika-Beefsteak-Auflauf

500 g Kartoffeln
Salz
1 TL Kümmel
1 EL Öl
300 g Beefsteakhackfleisch
2 Zwiebeln
6 Paprikaschoten
Butter für die Form
3 Eier
3 EL Crème fraîche
1 Becher Vollmilch-Joghurt
Salz, Pfeffer
Cayennepfeffer
150 g geriebener Gouda

Kartoffeln in Salzwasser mit Kümmel garen, pellen und abgekühlt würfeln. Öl erhitzen, das Hackfleisch darin mit Zwiebelwürfeln anbraten. Paprikaschoten putzen, waschen, der Länge nach in Achtel schneiden. 3 Minuten in kochendem Wasser blanchieren, kalt abschrecken. Auflaufform mit Butter ausstreichen und eine Schicht Paprika hineinlegen. Die Kartoffelwürfel mit dem Fleisch mischen, auf dem Gemüse verteilen. Eier mit Crème fraîche, Joghurt, Salz, Pfeffer, Cayennepfeffer und 125 g geriebenem Käse verrühren. ⅔ der Eicreme über den Auflauf gießen. Restliche Paprikaachtel fächerartig darauf anordnen, die restliche Käsecreme darübergießen und den übrigen Käse darüberstreuen. Im vorgeheizten Backofen bei 220 °C etwa 35-40 Minuten garen.

ca. 571 kcal/2389 kJ/Portion

Bayerischer Knödel-Wurst-Auflauf

▷

1 Packung Semmelknödel (6 Stück)
250 g Champignons
1 Zwiebel
4 EL Butter
2 EL Mehl
½ l Instant-Brühe
Salz, Pfeffer
1 EL Crème fraîche
gemischte TK-Kräuter
1 Fleischwurst (400 g)
100 g Gouda, gerieben

Semmelknödel nach Packungsanweisung zubereiten. Inzwischen Champignons waschen und blättrig schneiden, Zwiebel würfeln. 2 EL Fett in einem Topf erhitzen und Champignons und Zwiebelwürfel darin anschwitzen. Mehl darüberstäuben, mit Brühe ablöschen und mit Salz und Pfeffer würzen. 2 Minuten unter gelegentlichem Umrühren kochen. Crème fraîche und Kräuter unterrühren. Auflaufform mit dem restlichen Fett ausstreichen. Semmelknödel in 2 cm dicke Scheiben schneiden und die Hälfte in die Form legen. Von der Fleischwurst die Pelle entfernen, längs halbieren und die beiden Wursthälften auf die Semmelknödel-Scheiben legen, mit den restlichen Knödelscheiben abdecken, Pilzsauce darübergießen, mit geriebenem Käse bestreuen und im heißen Ofen bei 150 °C 30 Minuten überbacken.

ca. 690 kcal/2892 kJ/Portion

Wurst-Schafskäse-Gratin

600 g mehlige Kartoffeln
1 Zwiebel
1 Ei
Salz
2 EL Haferflocken
1 EL Butterschmalz
400 g Plockwurst
1 Dose weiße Bohnen (850 ml)
1 Bund Lauchzwiebeln
Pfeffer
200 g Schafskäse
1 Töpfchen Thymian

Kartoffeln und Zwiebel schälen und beides reiben. Ei, Salz und Haferflocken unterrühren. Butterschmalz in einer Pfanne erhitzen und einen Riesen-Kartoffelpuffer backen. Zum Wenden den Puffer mit der krossen Seite auf einen Topfdeckel gleiten lassen, mit der rohen Seite dann wieder in die Pfanne geben und etwa 3 Minuten weiterbacken. Inzwischen Plockwurst in feine Streifen schneiden. Bohnen abtropfen lassen. Lauchzwiebeln putzen, waschen und in Ringe schneiden. Wurst, Bohnen und Zwiebeln miteinander vermengen und mit Salz und Pfeffer würzen. Den fertigen Kartoffelpuffer in eine Gratinform geben und die Bohnen-Wurst-Zwiebelmischung darauf verteilen. Schafskäse mit einer Gabel zerdrücken und gleichmäßig darüber verteilen. Bei 150 °C 30 Minuten gratinieren. Mit Thymianblättchen garnieren.

ca. 1050 kcal/4385 kJ/Portion

Polenta-Auflauf

1 l Milch
1 ½ TL Salz
Pfeffer
200 g grober Maisgrieß
100 g Zwiebeln
80 g Möhren
500 g durchwachsenes Schweinefleisch (Schulter)
2 EL Pflanzenöl
1 El Rotweinessig
⅛ l trockener Rotwein
⅛ l Fleischbrühe
10 Tropfen Tabasco
1 EL Paprika edelsüß
1 EL Petersilie, gehackt
Butter für die Form
50 g Emmentaler

In einem großen Topf die Milch mit 1 TL Salz und etwas Pfeffer zum Kochen bringen. Die Hitze etwas reduzieren und den Maisgrieß langsam unter ständigem Rühren einrieseln lassen. Bei ganz schwacher Hitze 15-20 Minuten ausquellen lassen. Die Zwiebeln schälen, die Möhren putzen, beides in feine Würfel schneiden. Das Fleisch in 1-1½ cm große Würfel schneiden. In einer großen Pfanne das Öl erhitzen. Die Zwiebelwürfel darin hell anschwitzen. Die Fleischwürfel zugeben und bei guter Hitze unter ständigem Rühren kurz anbraten. Die Möhrenwürfel dazugeben. Mit dem Essig, dem Wein und der Fleischbrühe aufgießen. Das Ragout daraufgeben, mit dem restlichen Maisbrei abdecken und glattstreichen.
Im auf 200 °C vorgeheizten Backofen auf der unteren Schiene 20 Minuten backen. Den Emmentaler würfeln, über den Auflauf streuen und weitere 10-15 Minuten backen.

ca. 835 kcal/3497 kJ/Portion

Abb. S. 147
Fischauflauf mit Fetakruste
(Rezept S. 148)

Pikanter Fisch

Fischauflauf Popeye

▷

750-800 g Schollenfilet
600 g TK-Blattspinat
1 große Zwiebel
etwas Butter
Salz, Pfeffer
Zucker
Muskatnuß
Zitronensaft
1 Packung helle Sauce
1 Eigelb
1 TL Semmelbrösel

Spinat und ggf. Schollenfilets antauen lassen. Die geschälte Zwiebel würfeln und andünsten. Den Spinat dazugeben, auftauen lassen und mit Salz, Zucker und Muskat würzen. Die Schollenfilets der Länge nach durchteilen, mit Zitronensaft säuern, mit Salz und Pfeffer würzen und aufrollen. Spinat in eine gefettete Auflaufform geben, die Schollen darauf verteilen. Die Sauce nach Vorschrift zubereiten, mit Eigelb legieren und über den Auflauf gießen. Das Semmelmehl darüberstreuen, mit Butterflöckchen belegen und im vorgeheizten Ofen 20 Minuten bei 225 °C garen.

ca. 290 kcal/1215 kJ/Portion

Fischauflauf mit Fetakruste (Abb. S. 147)

4 Stangen Lauch
2 EL Sonnenblumenöl
4 Fleischtomaten
800 g Rotbarschfilet
400 g Kuhmilchfeta am Stück
Pfeffer
Salz
250 g Crème fraîche
Muskatnuß

Lauch in Ringe schneiden und waschen. Tomaten waschen, in Scheiben schneiden, salzen und pfeffern. Rotbarschfilet waschen und trockentupfen. Feta in dünne Scheiben schneiden. Sonnenblumenöl in einer großen Pfanne erhitzen und den Lauch darin 5 Minuten dünsten. Mit Salz und Pfeffer abschmecken. Lauch in eine gefettete Auflaufform geben und die Hälfte des Fetas darüber verteilen. Rotbarschfilet darauf verteilen und kräftig mit Pfeffer und Salz würzen. Zum Schluß die Tomaten darübergeben. Crème fraîche glattrühren, mit Muskatnuß würzen und über die Tomaten streichen.
Auflauf mit den restlichen Fetascheiben belegen und bei 200 °C 35 Minuten backen.

ca. 821 kcal/3454 kJ/Portion

Fischauflauf mit Tomaten

▷

800 g Fischfilet (Goldbarsch, Leng, Kabeljau)
4 Tomaten (350 g)
Saft von 1 Zitrone
3 Eier
20 g Butter oder Margarine
⅛ l Sahne
2 TL grüne Pfefferkörner
½ TL Salz
1 EL glatte Petersilie

Mit der weichen Butter eine ofenfeste Form ausstreichen. Die Tomaten einritzen, kurz in kochendes Wasser halten, dann die Haut abziehen. Zu dickeren Scheiben schneiden. Die Fischfilets unter fließendem Wasser waschen, mit Küchenpapier trockentupfen, mit Zitronensaft beträufeln und mit Salz bestreuen. In die gebutterte Form schichtweise Fischfilet und Tomaten einlegen. Die Eier mit der Sahne, den Pfefferkörnern und der Petersilie verrühren. Die Eiersahne nun sorgfältig über das Gericht verteilen. Die Form mit Alufolie bedecken, auf die mittlere Schiene des auf 220 °C vorgeheizten Backofens schieben und 20-25 Minuten garen.

ca. 312 kcal/1295 kJ/Portion

Fischgratin mit Frischkäse-Kräuterkruste

600 g Fischfilet
Salz
Pfeffer
1 EL Olivenöl
2 EL Basilikum, gehackt
2 Knoblauchzehen, gehackt
2 Tomaten (300 g)
2 kleine Zucchini (300 g)
150 g Frischkäse mit Kräutern
5 EL trockener Weißwein
2 EL Paniermehl

Die Tomaten überbrühen, häuten, entkernen und würfeln. Fischfilets unter kaltem Wasser abspülen, mit Küchenpapier trockentupfen. Mit Salz und Pfeffer würzen. Den Boden einer flachen Auflaufform mit Olivenöl bestreichen. Die Filets hineinlegen, Basilikum, Knoblauch und Tomatenwürfel darauf verteilen. Zucchini in dünne Scheiben schneiden, schuppenförmig auf den Filets anordnen, mit Salz bestreuen. Frischkäse mit Weißwein und Paniermehl verrühren, Filets damit überziehen. Im vorgeheizten Backofen bei 200 °C 20 Minuten überbacken.

ca. 355 kcal/1480 kJ/Portion

Amsterdamer Schollengratin

▷

4 Schollenfilets (500-600 g)
3 EL Zitronensaft
Salz
Pfeffer
500 g Tomaten
40 g Butter
1 Bund Frühlingszwiebeln
100 g Gouda, gerieben
1 Msp. Paprika edelsüß

Schollenfilets säubern, mit Zitronensaft beträufeln, salzen und pfeffern. Tomaten mit kochendem Wasser überbrühen, häuten, halbieren, Kerne herauslösen, Fruchtfleisch grob würfeln. Eine hitzebeständige, flache Form mit 20 g Butter ausfetten. Geputzte, in Ringe geschnittene Frühlingszwiebeln (1 EL zurückbehalten) und Tomatenstücke in der Form verteilen, salzen, pfeffern. Schollenfilets mit der Hautseite nach innen einmal umklappen, auf das Gemüsebett setzen. Im heißen Ofen bei 200 °C 20 Minuten backen, 5 Minuten vor Ende der Garzeit mit Käse, Butterflöckchen und Paprika bestreuen und bei 250 °C gratinieren. Herausnehmen, mit Zwiebelringen garnieren und zu Dillkartoffeln servieren.

ca. 368 kcal/1541 kJ/Portion

Paprika-Fisch-Auflauf

400 g Kartoffeln
Salz
1 TL Kümmel
400 g Paprikaschoten, rot
150 g Paprikaschoten, grün
2 Zwiebeln
40 g Butter
Pfeffer
4 Rotbarschfilets (à 150 g)
2 EL Zitronensaft
3 Eier
150 g Crème fraîche
3 EL Milch
150 g Gouda

Kartoffeln mit Salz und Kümmel garen, pellen, in Scheiben schneiden. Paprikaschoten in kurze Streifen schneiden. Zwiebeln würfeln. 30 g Butter schmelzen, Gemüse 5 Minuten darin dünsten. Mit Salz und Pfeffer würzen. Fischfilets säubern, mit Zitronensaft säuern, salzen. Eier mit Crème fraîche und Milch verquirlen. Käse reiben, eine Hälfte in die Eiercreme rühren. Eine hitzebeständige Auflaufform mit restlicher Butter ausfetten. Kartoffeln und die Hälfte des Gemüses einschichten. Gut abgetropfte Fischfilets nebeneinander in die Form legen. Restliches Gemüse rundum verteilen. Eier-Käse-Guß gleichmäßig darübergießen und mit dem restlichen Käse bestreuen. Im vorgeheizten Backofen bei 200 °C etwa 20 Minuten garen.

ca. 693 kcal/2901 kJ/Portion

Garantiert 4 Monate
Echter Käse aus

Überbackene Fischwürfel mit Gemüse

▷

500 g Möhren
500 g Lauch
60 g Butter
¼ l Fleischbrühe
500 g Fischfilet (z.B. Steinbeißer oder Kabeljau)
1 EL Zitronensaft
Salz
Pfeffer
1 Knoblauchzehe
1 Zwiebel
⅛ l trockener Weißwein
150 g Crème fraîche
2 Eigelb
150 g Gouda, gerieben

Möhren in Scheiben, Lauch in ca. 1,5-2 cm dicke Ringe schneiden. 30 g Butter schmelzen. Möhren darin 5 Minuten andünsten. Lauch zugeben, mit Brühe auffüllen und ca. 10 Minuten garen. Gemüse auf ein Sieb abgießen, den Sud auffangen. Fischfilet würfeln, mit Zitronensaft, Salz und Pfeffer würzen. Knoblauch und kleine Zwiebelwürfel in der restlichen Butter andünsten. Fischwürfel zugeben, Wein zugießen, zugedeckt 3-4 Minuten garen. Fisch herausnehmen, mit dem Gemüse in eine Auflaufform schichten. Gemüsebrühe und Fischsud in einen Topf gießen. Crème fraîche einrühren, 5 Minuten köcheln lassen. Topf von der Herdplatte nehmen, Eigelb und Käse darunterschlagen. Bei sehr geringer Hitzezufuhr unter Rühren die Soße dicklich werden lassen, nicht kochen, über Fisch und Gemüse gießen. Im vorgeheizten Backofen bei 200 °C 5-10 Minuten überbacken.

ca. 591 kcal/2472 kJ/Portion

Janssons Versuchung

1 kg Kartoffeln
3 Zwiebeln, mittelgroß
80 g Butter
Pfeffer
Piment
1 Lorbeerblatt
250 g Sild oder auf nordische Art eingelegter Matjes
1 Bund Dill
¼ l Sahne
⅛ l Milch
6 EL Paniermehl

Die Kartoffeln waschen, schälen und in Scheiben schneiden. Zwiebeln vierteln und in Streifen schneiden. In einer Pfanne 40 g Butter erhitzen, Kartoffeln und Zwiebeln 10 Minuten darin anbraten, kräftig mit Pfeffer und Piment würzen. Die Hälfte in eine gebutterte Form füllen. Lorbeerblatt zerbrechen, darauf verteilen. Sild oder Matjes abtropfen lassen, quer in 2 cm breite Streifen schneiden. Fisch auf den Kartoffeln verteilen. Dill grob hacken, auf dem Fisch verteilen. Alles mit den restlichen Kartoffeln bedecken. Sahne und Milch verquirlen und darübergießen. Die Oberfläche mit Paniermehl bestreuen und mit Butterflöckchen belegen. Im vorgeheizten Backofen bei 200 °C 30-40 Minuten garen.

ca. 913 kcal/3824 kJ/Portion

Überbackener Fischerkäse

▷

1 Paprikaschote, gelb
1 Paprikaschote, grün
500 g Fischfilet
Saft von 1 Zitrone
Salz, Pfeffer
¼ l Fleischbrühe
⅛ l Weißwein
1 Knoblauchzehe, gepreßt
1 Lorbeerblatt
2 Tomaten
150 g Gouda, in kleinen Scheiben

Paprikaschoten putzen, waschen und in schmale Streifen schneiden. Das Fischfilet in größere Stücke schneiden, mit Zitronensaft beträufeln, salzen und pfeffern. Die Brühe mit Wein, Knoblauch und Lorbeerblatt aufkochen. Die Paprikastreifen darin 10 Minuten garen. Die Fischstücke 5 Minuten mit ziehen lassen. Alles mit der Brühe in eine flache, feuerfeste Form füllen. Tomatenachtel dazwischen legen. Die Fischstücke mit den Käsescheiben zudecken und alles im vorgeheizten Backofen bei 200 °C goldbraun überbacken.

ca. 311 kcal/1302 kJ/Portion

Fisch-Curry-Gratin

750 g Fischfilet (Schellfisch oder Kabeljau)
⅛ l trockener Weißwein
1 EL Zitronensaft
50 g Möhren
50 g Knollensellerie
100 g Lauch
40 g Butter
100 g Ananas in Scheiben
50 g Zwiebel
1 Knoblauchzehe
30 g Butter
1 TL Mehl
1 EL Currypulver
Salz
⅛ l Sahne
⅛ l Milch
1 Eigelb

Die Fischfilets unter fließendem Wasser abwaschen, abtrocknen, in eine Schüssel geben und mit Wein und Zitronensaft etwa 30 Minuten marinieren. Möhren, Sellerie und Lauch putzen. Die Möhren in Stifte, den Sellerie in Würfel, den Lauch in Ringe schneiden. In einer großen Auflaufform die Butter zerlassen, das Gemüse hineingeben und 2-3 Minuten dünsten. Die Fischfilets aus der Marinade nehmen und auf das Gemüse legen. Die Ananasscheiben würfeln und darübergeben. Für die Sauce die Zwiebel schälen und fein würfeln. Die Knoblauchzehe schälen und zerdrücken. Zwiebel und Knoblauch in zerlassener Butter kurz anschwitzen. Das Mehl zugeben, durchrühren, Curry und Salz darüberstreuen. Mit der Sahne und der Milch aufgießen. Die Sauce 5-6 Minuten kochen, mit dem Eigelb verrühren und über die Filets gießen. Auf der Mittelschiene im heißen Ofen bei 220 °C 20-25 Minuten backen.

ca. 442 kcal/1851 kJ/Portion

Fischfilet auf Gemüse

▷

4 Rotbarschfilets à 200 g
4 EL Zitronensaft
Salz, Pfeffer
500 g Möhren
500 g Lauch
80 g Butter
1 Zwiebel
⅛ l Fleischbrühe
150 g Gouda
2 Vollkornzwiebäcke

Die Fischfilets säubern, mit Zitronensaft säuern, salzen und pfeffern. Gemüse putzen und waschen. Möhren in Scheiben, Lauch in ca. 2 cm lange Stücke schneiden. In einem Topf 40 g Butter schmelzen, gewürfelte Zwiebel darin glasig werden lassen. Möhrenscheiben zugeben und 10 Minuten dünsten. Lauchstücke und Fleischbrühe dazugeben, weitere 10 Minuten garen. Über ein Sieb abgießen, den Sud auffangen. Filschfilets in 20 g Butter und dem Gemüsesud zugedeckt 5-6 Minuten dünsten. Gemüse in eine Auflaufform füllen, nach Geschmack salzen und pfeffern. Restliche Butter in Flöckchen darauf verteilen. Die Fischfilets auf das Gemüse legen, den Sud dazugießen. Gouda und Zwiebäcke reiben, mischen. Käse-Brösel-Mischung dick auf die Fischstücke streuen. Im heißen Backofen bei 250 °C gratinieren, bis der Käse geschmolzen ist.

ca. 616 kcal/2577 kJ/Portion

Holländischer Fischauflauf

200 g Zwiebeln
1 Glas Gewürzgurken (330 g)
300 g Tomaten
800 g Seelachsfilet
Salz, Pfeffer
2 EL mittelscharfer Senf
3 EL Tomatenketchup
250 g junger Gouda in Scheiben
Fett für die Form

Die Zwiebeln schälen und in dünne Ringe schneiden. Die Gurken und Tomaten in Scheiben schneiden und etwas als Garnitur beiseite legen. Eine Auflaufform einfetten. Die Fischfilets hineinlegen, salzen und pfeffern. Filets mit Senf und Tomatenketchup bestreichen. Die Zwiebelringe, Tomaten- und Gurkenscheiben einschichten. Den Käse entrinden, darauflegen und im vorgeheizten Backofen bei 200 °C 40 Minuten backen. Mit Tomaten und Gurken garnieren. Dazu passen Dillkartoffeln.

ca. 480 kcal/2020 kJ/Portion

Kabeljau-Koteletts im Kohlbett

▷

1 kg Weißkohl
500 g Paprikaschoten
2 Zwiebeln
50 g durchwachsener Räucherspeck
2 EL Öl
¼ l Fleischbrühe
1 TL getrocknetes Basilikum
4 Kabeljau-Koteletts à 200 g
Salz
Pfeffer
125 g Gouda, mittelalt

Den Kohl putzen, waschen, achteln. Den Strunk und dicke Rippen entfernen, kleinschneiden. Paprikaschoten putzen, waschen, achteln, in Stücke schneiden. Ein Stück rote Paprikaschote zum Garnieren zurückbehalten. Zwiebeln schälen, würfeln, in ausgebratenem Speck glasig dünsten. In eine hitzebeständige Form geben. Kohl und Paprikastücke gemischt einfüllen, mit Basilikum würzen. Fleischbrühe zugießen und im vorgeheizten Backofen bei 250 °C 45 Minuten zugedeckt garen. Die Fischkoteletts kalt abspülen, salzen, pfeffern, auf den Kohl legen und weitere 15 Minuten zugedeckt garen. Käse reiben, dick auf die Fischstücke häufeln. Im heißen Backofen goldgelb schmelzen lassen. Mit feinen Paprikastreifen bestreut servieren.

ca. 563 kcal/2355 kJ/Portion

Sauerkrautauflauf mit Rotbarsch

4 Rotbarschfilet (à 180 g)
Salz
Pfeffer
⅛ l Weißwein
6-8 kleine Tomaten
½ Dose Sauerkraut (400 g)
150 g Crème fraîche
150 g Gouda
1 Ei
1 EL Semmelbrösel
10 g Butter

Gesäubertes, trockengetupftes Fischfilet pfeffern und mit Wein begießen. Tomaten kreuzweise einritzen, mit kochendem Wasser überbrühen und häuten.
Eine hitzebeständige Form mit 10 g Butter einstreichen und eine Schicht aufgelockertes Sauerkraut einfüllen. Fischfilets gut abtropfen lassen, zusammen mit den Tomaten auf das Sauerkraut legen. Mit Pfeffer würzen. Restliches Sauerkraut dazwischenfüllen. Aus Crème fraîche, geriebenem Gouda und Ei eine dickliche Soße rühren. Über den Auflauf verteilen. Semmelbrösel darüberstreuen und Butterflöckchen aufsetzen. Im vorgeheizten Backofen etwa 35 Minuten bei 200 °C backen.

ca. 636 kcal/2669 kJ/Portion

Fischgratin à la Nicole

▷

500 g Fischfilets (Rotbarsch)
Saft von 1 Zitrone
Salz, Pfeffer
2 Eier
Paniermehl
2 Zwiebeln
200 g Kräuter-Schmelzkäse
100 ml saure Sahne
2 EL Milch
50 g Gouda, gerieben
Margarineflöckchen

Die Fischfilets säubern, mit Zitronensaft beträufeln und salzen. Danach mit Pfeffer bestreuen und zuerst in den verschlagenen Eiern, dann in Paniermehl wenden. Die Zwiebeln in sehr feine Ringe schneiden, die Hälfte davon in eine ausgefettete Auflaufform geben. Den Fisch fächerförmig darauflegen. Mit den restlichen Zwiebeln belegen. Den Schmelzkäse mit der sauren Sahne und der Milch bei schwacher Hitze aufschmelzen, mit Salz und Pfeffer würzig abschmecken, über dem Fisch verteilen. Mit dem Käse bestreuen und die Margarineflöckchen darauf verteilen. Im vorgeheizten Backofen bei 200 °C etwa 30 Minuten garen.

ca. 441 kcal/1847 kJ/Portion

Finnischer Heringsauflauf

4 Heringe
750 g Kartoffeln
1 Zwiebel
3-5 Eier
½ l Milch
1 TL Salz
½ TL weißer Pfeffer
1 EL Mehl
150 g Speck, durchwachsen
1 EL Semmelbrösel
Butter für die Form

Die Heringe über Nacht wässern. Die geschälten Kartoffeln in Scheiben schneiden. Die Zwiebeln schälen und fein hacken. Die Hauptgräte aus den Heringen entfernen, mit kaltem Wasser abspülen und in fingerbreite Stücke schneiden.
In eine gefettete Auflaufform abwechselnd Kartoffelscheiben, Zwiebelwürfel und Heringsstücke geben, mit einer Schicht Kartoffelscheiben abschließen. Milch, Eier, Gewürze und Mehl verquirlen und über den Auflauf gießen. Speck in dünne Scheiben schneiden.
Den Auflauf mit Semmelbröseln bestreuen und mit Speckstreifen belegen. Bei 200 °C etwa 60 Minuten garen.

ca. 652 kcal/2728 kJ/Portion

Holländisches Sonntagsgratin

▷

500 g frischer Spargel
Salz
1 TL Zucker
10 g Butter
300 g Zuckerschoten
2 Lachskoteletts à 200 g
4 EL Fleischbrühe (Instant)
4 EL Weißwein
1 Becher Crème fraîche
100 g Gouda
20 g Mandelsplitter
1 Ei
1 Bund Kerbel

Spargel schälen, jeweils in 2-3 Stücke teilen, in wenig Salzwasser mit 5 g Butter etwa 20 Minuten garen. Zuckerschoten entfädeln, waschen, in 2-3 EL Wasser mit restlicher Butter 5 Minuten dünsten. Lachskoteletts in Fleischbrühe und Wein 8-10 Minuten garen. Mit einem Schaumlöffel herausheben, Haut und Gräten entfernen. Abgetropfte Spargelstücke, Zuckerschoten und Fischstücke auf einer ofenfesten, tiefen Platte anrichten. Crème fraîche, geriebenen Gouda, Ei, Mandelsplitter und die Hälfte des gewaschenen, fein gezupften Kerbels verrühren. Über dem Gemüse verteilen und im heißen Backofen bei 200 °C goldbraun gratinieren, vor dem Servieren mit Kresseblättchen garnieren.

ca. 811 kcal/3406 kJ/Portion

Lachssoufflé

50 g Schalotten
40 g Möhren
40 g Staudensellerie
50 g Butter
2 EL Cognac
Salz, Pfeffer
2 TL Petersilie, gehackt
Zitronenschale
180 g Räucherlachs
30 g Mehl
¼ l Milch
4 Eier
40 g Parmesan, gerieben

Die Schalotten, die Karotten und den Sellerie putzen und fein würfeln. 30 g Butter in einer Pfanne zerlassen. Die Schalotten darin etwa 2 Minuten hell anschwitzen. Die Möhren- und Selleriewürfel 2-3 Minuten mitdünsten. Den Cognac zugießen und mit Salz, Petersilie, Pfeffer und Zitronenschale würzen, abkühlen lassen. Den Lachs in etwa ½ cm große Quadrate schneiden, unter die abgekühlte Gemüsemischung rühren. Die Eier trennen. Für die Béchamelsauce die Butter in einer Kasserolle zerlassen. Das Mehl zugeben und hell anschwitzen. Die Milch zugießen und mit dem Schneebesen durchrühren, bis eine glatte Sauce entstanden ist. Eigelb, Salz und Parmesan unterrühren.
Eischnee unterheben. Die Masse in eine gefettete Form füllen und sofort im heißen Ofen bei 180 °C etwa 15 Minuten backen. Die Hitze auf 200 °C erhöhen, weitere 20-30 Minuten backen.

ca. 384 kcal/1608 kJ/Portion

Blumenkohlauflauf mit Lachs

▷

6 Kartoffeln
1 Blumenkohl
300 g Brokkoli
1 Brühwürfel
400 g Lachsfilet
¼ l Sahne
3 EL Butter
5 EL Paniermehl

Kartoffeln schälen und in Würfel schneiden. Blumenkohl und Brokkoli putzen, waschen und in kleine Röschen teilen. 1 l Wasser zum Kochen bringen und ½ Suppenwürfel darin auflösen. Blumenkohl und Kartoffeln zugeben, 10 Minuten kochen. Den Brokkoli zugeben und weitere 5 Minuten kochen, abgießen, die Kochflüssigkeit auffangen. Lachsfilet in Würfel schneiden, mit dem Gemüse mischen und in eine Auflaufform füllen. ¼ l der Kochflüssigkeit zum Kochen bringen und ½ Suppenwürfel darin auflösen. Die Sahne zugeben und über den Auflauf gießen. Die Butter heiß werden lassen, das Paniermehl zugeben und etwas bräunen lassen. Über dem Auflauf verteilen und im Backofen bei 200 °C 25 Minuten backen.

ca. 755 kcal/3160 KJ/Portion

Lachsgratin mit Limonen

400 g Graved-Lachs
2 Schalotten
1 Limone
⅛ l trockener Wermut
⅛ l Fischfond
150 g Butter
100 g Sahne
Salz
Cayennepfeffer

Die Schalotten in 10 g Butter anschwitzen. Fischfond, Wermut, den Saft der Limone und abgeriebene Schale zugeben und einkochen lassen. Mit Salz und Cayennepfeffer abschmecken, mit restlicher Butter und geschlagener Sahne aufmischen. Die Lachsscheiben auf feuerfesten, heißen Tellern anrichten, würzen und mit der Sauce übergießen. Die Teller im heißen Ofen bei 250 °C überbacken.

ca. 581 kcal/2433 KJ/Portion

Lachslasagne

▷

500 g Blattspinat
Salz
40 g Halbfettbutter
2 EL Mehl
250 g Halbfettsahne
100 ml Magermilch
Muskatnuß
400 g Lachsfilet
200 g Lasagneplatten, vorgekocht
50 g Rottaler Käse

Spinat waschen, putzen, im kochendem Salzwasser ca. eine Minute blanchieren und abtropfen lassen. Butter schmelzen, Mehl darin anschwitzen und mit Sahneerzeugnis und Magermilch ablöschen. Mit Salz und Muskatnuß würzen und ca. 5 Minuten köcheln lassen. Lachsfilet in sehr dünne, flache Scheiben schneiden. Eine feuerfeste Form einfetten, abwechselnd Lasagneplatten, Spinatblätter, Lachs und Sauce in die Form schichten, bis alle Zutaten verbraucht sind. Die oberste Schicht sollte die helle Sauce bilden.
Im vorgeheizten Backofen bei 200 °C etwa 30 Minuten garen, den Käse in Streifen schneiden und 5 Minuten vor Ende der Garzeit gitterförmig auf die Lasagne legen.

ca. 650 kcal/2720 kJ/Portion

Thunfischgratin à la Provence

750 g Kartoffeln
300 g Tomaten
200 g Thunfisch aus der Dose, im eigenen Saft
3 EL Tomatenmark
¼ l trockener Weißwein oder Brühe
20 g Butter
1 kleiner Bund Thymian
Salz, Pfeffer
50 g Emmentaler, gerieben

Kartoffeln schälen, abspülen und in Scheiben schneiden. Tomaten waschen und ebenfalls in Scheiben schneiden. Thunfisch abtropfen lassen, in eine Schüssel geben. Mit Tomatenmark und Wein oder Brühe zu einer Paste verarbeiten. Eine ovale Auflaufform mit der Butter einpinseln und die Thunfischpaste auf dem Boden verstreichen. Thymian abspülen, die Blättchen hacken. Abwechselnd Kartoffel- und Tomatenscheiben in die Thunfischpaste stecken. Dazwischen etwas von dem Thymian sowie Salz und Pfeffer streuen. Das Gratin im vorgeheizten Backofen auf mittlerer Schiene bei 175 °C 40 Minuten garen. Dann mit dem Käse bestreuen und weitere 20 Minuten überbacken.

ca. 442 kcal/1851 kJ/Portion

Nudelauflauf mit Lachs und Spargel

▷

500 g grüner Spargel
Salz
250 g breite Bandnudeln
10 g Butter
200 Räucherlachs in Scheiben
150 g Gouda in Scheiben
4 Eier
150 g Quark (40 % Fett i.Tr.)
1 EL Zitronensaft
Pfeffer
Muskatnuß

Spargel waschen, holzige Enden abschneiden, unteres Drittel der Stangen evtl. schälen. Spargel in 4-5 cm lange Stücke schneiden, in wenig Salzwasser ca. 12-15 Minuten garen. Über ein Sieb abgießen, abtropfen lassen. Nudeln in Salzwasser mit Butter garen, abgießen, abschrecken. Eine hitzebeständige Auflaufform mit Butter ausstreichen. Nudeln, Spargel, Käsescheiben und Lachsstreifen in die Form schichten. Eier mit Quark verrühren, mit Zitronensaft, Salz, Pfeffer und Muskat kräftig würzen, über den Auflauf gießen. Im vorgeheizten Backofen bei 200 °C etwa 25 Minuten garen.

ca. 509 kcal/2129 kJ/Portion

Bunter Räucherfisch-Auflauf

250 g fester Räucherfisch
1 kleine Dose Tomaten
1 kleine Dose Mais
1 kl. Packung TK-Erbsen
Salz
1 EL gehackte Petersilie
40 g Butter
3 Eier
5 EL Milch
Pfeffer
2 EL Parmesan, gerieben
1 Bund Schnittlauch

Den Fisch häuten, entgräten und in mundgerechte Stücke zerteilen. Tomaten und Mais abtropfen lassen, Erbsen in Salzwasser 5 Minuten kochen, ebenfalls abtropfen lassen. Mais und Erbsen mit der Petersilie vermischen. Eine Auflaufform reichlich buttern, die Fischstücke hineingeben und die Tomaten darauf verteilen. Die Mais-Erbsen-Mischung darüberstreuen. Eier und Milch verquirlen, mit Pfeffer würzen und über das Gemüse gießen. Mit Parmesan bestreuen und mit Butterflöckchen belegen. Im auf 200 °C vorgeheizten Ofen 15 Minuten überbacken, mit Schnittlauchröllchen bestreut servieren.

ca. 354 kcal/1483 kJ/Portion

Überbackene Krabben

▷

300 g Möhren
250 g Austernpilze
1 Zwiebel
1 Knoblauchzehe
40 g Butter
Salz, Pfeffer
200 g Grönland-Krabbenfleisch
30 g Mehl
¼ l Milch
150 g Crème fraîche
⅛ l Hühnerbrühe (Instant)
150 g Maasdamer, gerieben
1 Zwieback
1 Bund Schnittlauch

Möhren schälen, in 3-4 cm lange Stifte schneiden, in 4 EL Wasser 5-6 Minuten dünsten, abgießen, Sud auffangen. Austernpilze putzen, streifig schneiden. Zwiebelwürfel und zerdrückte Knoblauchzehe in 10 g Butter in beschichteter Pfanne goldgelb werden lassen. Austernpilze bei starker Hitze unter häufigem Wenden in der Pfanne 5 Minuten braten, mit Salz und Pfeffer würzen. Vier Portions-Gratinförmchen mit je 5 g Butter ausfetten. Möhrenstreifen, Austernpilze und Krabben in die Gratinförmchen verteilen. Restliche Butter mit dem Mehl erhitzen. Milch, Crème fraîche, Möhrensud und Hühnerbrühe zugießen. Rühren, gut durchkochen lassen, geriebenen Käse darin schmelzen. Soße über die Portionen verteilen. Mit Zwiebackmehl bestreuen und im vorgeheizten Ofen bei 200 °C 15 bis 20 Minuten gratinieren. Vor dem Servieren mit Schnittlauchröllchen bestreuen.

ca. 516 kcal/2161 kJ/Portion

Crevetten-Nudelauflauf

200 g grüne Nudeln
Salz, Pfeffer
2 EL Butter
2 Zwiebeln
6 Schalotten
200 g gekochter Schinken
200 Crevetten, ausgelöst
300 g Erbsen mit Karotten aus der Dose
4 Tomaten
Muskat, Cayennepfeffer
Zucker, Zitronensaft
2 EL Pfefferminze, gehackt
200 ml Sahne
2 Eier
200 g Emmentaler, gerieben
100 g Gorgonzola, gerieben

Die Nudeln in Salzwasser bißfest garen, abtropfen lassen. Die Butter erhitzen, kleingeschnittene Zwiebeln und Schalotten darin andünsten. Den Schinken in Streifen schneiden. Erbsen und Karotten abtropfen lassen, die Tomaten enthäuten, würfeln. Alles zu den Zwiebeln geben, würzen. Die Minze mit den Nudeln mischen und zusammen mit den anderen Zutaten in eine gefettete Auflaufform schichten. Sahne mit Eiern, Emmentaler und Gorgonzola verquirlen, nachwürzen. Die Masse über die Gemüse-Nudel-Mischung verteilen. Bei 220 °C im heißen Ofen etwa 30 Minuten backen.

ca. 900 kcal/3768 kJ/Portion

Gratinierte Krabben „Alkmaar“ ▷

2 dünne Lauchstangen
250 g Champignons
20 g Butter
Salz, Pfeffer
2 EL Sahne
150 g Grönlandkrabbenfleisch
100 g Gouda, mittelalt
2 Scheiben Vollkorntoast
4 Dillzweige

Gemüse putzen, waschen. Lauch in schräge Stücke, Champignons in Scheiben schneiden. 5 Minuten in der geschmolzenen Butter dünsten. Mit Salz, Pfeffer und Sahne abschmecken. Gemüse auf 4 Tellern anrichten. Mit Krabben belegen und mit geriebenem Gouda bestreuen. Im heißen Ofen bei 200 °C überbacken, bis der Käse schmilzt. Mit Vollkorntoast und Dillzweig servieren.

ca. 255 kcal/1370 kJ/Portion

Scampigratin

4 Scampischwänze
30 g Möhren
30 g Staudensellerie
30 g Butter
2 EL Schalotten, feingehackt
Salz
Pfeffer
2 EL Erbsen
2 cl Cognac
2 Eigelb
4 EL Sahne
2 EL Gouda

Die Scampischwänze waschen, kurz in kochendes Wasser tauchen, dann schälen, längs teilen und jeweils den Darm entfernen. die Karotten putzen und in Stifte schneiden. Den Sellerie ebenfalls putzen und in Streifen schneiden. Die Butter in einer Pfanne zerlassen und die Schalotten darin hell anschwitzen. Die halbierten Scampischwänze mit der Schnittfläche nach unten in die Pfanne legen, die Karottenstifte und Selleriestreifen darüberstreuen. Mit dem Salz und etwas Pfeffer dezent würzen. Die Erbsen und den Cognac hinzufügen. Alles etwa 2 Minuten dünsten, dann in 4 mit Butter ausgestrichene Muschelschalen verteilen. Für den Guß Eigelb mit der Sahne verrühren, mit etwas Salz und Pfeffer abschmecken. Den Käse unterrühren und die Mischung über die Scampi gießen. Im auf 200 °C vorgeheizten Backofen auf der Mittelschiene kurz überbacken, bis die Oberfläche hellbraun ist.

ca. 241 kcal/1009 kJ/Portion

Gratinierte Hummerkrabben „Den Haag" ▷

2 Möhren
2 Zwiebeln
2 Lorbeerblätter
1 EL Senfkörner
24 Hummerkrabben-schwänze, roh, in der Schale
100 g Butter
3 Knoblauchzehen
1 Bund Petersilie, glatt
150 g Maasdamer, gerieben

¾ l Wasser mit grob zerkleinerten Möhren, geschälten, geviertelten Zwiebeln, Lorbeerblättern, Senf- und Pfefferkörnern 10 Minuten kochen. Hummerkrabbenschwänze darin aufkochen, zugedeckt 5 Minuten ziehen, nicht kochen lassen. Mit einer Schaumkelle aus dem Sud heben. Abgekühlt aus den Schalen lösen. Butter in einer Pfanne schmelzen, gepreßte Knoblauchzehen zugeben, Hummerkrabbenschwänze darin erhitzen. Auf 4 hitzebeständige Portionsformen verteilen. Mit gehackter Petersilie und Käse bestreuen. Unter dem Grill 2-3 Minuten gratinieren. Dazu schmeckt Baguette.

ca. 477 kcal/1997 kJ/Portion

Garnelensoufflé mit Champignons

120 g Champignons
70 g Butter
1 EL feingehackte Zwiebel
200 g kleine Garnelen oder Nordseekrabben, gekocht und geschält
4 Eier, getrennt
150 g Gouda, gerieben
1 EL Petersilie, gehackt
1 TL Dill, gehackt
Butter für die Form
30 g Mehl
¼ l Milch
½ TL Salz
Pfeffer

Für die Béchamelsauce 40 g Butter in einer Kasserolle zerlassen. Das Mehl zugeben und bei schwacher Hitze 2-3 Minuten mit dem Schneebesen rühren. Milch zugießen und rühren, bis eine glatte Sauce entstanden ist, aufkochen lassen, mit Salz und Pfeffer würzen, wegstellen. Die Champignons putzen und blättrig schneiden. In einer großen Pfanne die restliche Butter zerlassen. Die Zwiebel darin hell anschwitzen. Die Pilze zugeben und 1-2 Minuten dünsten. Vom Herd nehmen und die Garnelen zufügen. Eigelb unter die warme Béchamelsauce rühren, ebenso den Käse. Die Petersilie und den Dill zufügen und dann die Champignon-Garnelenmischung locker darunterheben. Eiweiß zu steifem Schnee schlagen und unter die Masse ziehen. Eine Soufflé-form einfetten, die Masse einfüllen und sofort auf die untere Schiene in den auf 180 °C vorgeheizten Ofen geben. Nach 20 Minuten Backzeit auf 200 °C erhöhen und weitere 20-25 Minuten backen. Sofort servieren.

ca. 492 kcal/2062 kJ/Portion

Hecht-Gemüse-Gratin

1 Hecht (2 kg)

Für die Brühe:
120 g Lauch
100 g Möhren
50 g Zwiebeln
50 g Knollensellerie
½ TL Salz

Für das Gemüse:
80 g Zwiebeln
1 Knoblauchzehe
je ½ rote, grüne und gelbe Paprikaschote
1 Aubergine
3 EL Pflanzenöl
Salz, Pfeffer
1 TL Paprika, edelsüß
1 EL gehackte Kräuter (Basilikum, Petersilie, Thymian, Schnittlauch)

Für die Sauce:
20 g Butter
15 g Mehl
¼ l Fischbrühe
2 EL Crème fraîche
Salz, Pfeffer
80 g Gouda, gerieben
2 El Semmelbrösel
1 EL gehackte Kräuter
50 g Butter

Den Hecht längs halbieren und die Filets auslösen. Die Karkassen (Kopf, Haut und Schwanz) sehr gründlich unter fließendem Wasser reinigen. Für die Brühe den Lauch, die Möhren, die Zwiebel sowie den Sellerie putzen und grob zerkleinern.
Die Karkassen mit 1½ l Wasser, dem Salz und dem Gemüse bei geringer Hitze so langsam köcheln lassen, bis die Flüssigkeit auf etwa ⅓ reduziert ist. Die Brühe durch ein feines Sieb abgießen.
Die Zwiebel schälen und fein hacken. Den Knoblauch schälen und zerdrücken. Paprikaschoten entkernen und in schmale Streifen schneiden. Die Aubergine in dünne Scheiben schneiden. In einer Pfanne das Öl erhitzen und zuerst die Zwiebel und den Knoblauch hell anschwitzen, dann Paprika und Aubergine zugeben und von allen Seiten anbraten. Mit Salz, Pfeffer und Paprika würzen, mit den Kräutern bestreuen.
Die Gemüsemischung in eine gefettete Auflaufform füllen, die Hechtfilets in 4 Stücke teilen und darauflegen.
Für die Sauce die Butter in einer Kassserolle zerlaufen lassen. Das Mehl einstreuen und hell anschwitzen. Mit der Fischbrühe aufgießen und kräftig durchrühren. Die Sauce 5-8 Minuten köcheln lassen. Crème fraîche zugeben, mit Salz und Pfeffer nachwürzen, dann den Käse darunterrühren. Sauce über die Filets geben.
Die Semmelbrösel mit den Kräutern mischen, über das Gratin streuen. Butterflöckchen daraufsetzen. Im heißen Ofen bei 220 °C 15-20 Minuten backen.

ca. 834 kcal/3493 KJ/Portion

Abb. S. 179
Vollkornnudel-Auflauf
(Rezept S. 182)

Aufläufe mit Nudeln oder Reis

Lasagne al Forno

▷

250 g grüne oder gelbe Lasagneplatten
50 Räucherspeck, gewürfelt
3 Zwiebeln
500 g gemischtes Hackfleisch
1 TL Thymian
1 TL Basilikum
500 g Tomaten
⅛ l Weißwein
1 EL Butter
300 g Champignons
⅛ l Sahne
1 Bund Petersilie, gehackt
Salz, Pfeffer
75 g Emmentaler, gerieben

Teigplatten 7 Minuten kochen, abschrecken und abtropfen lassen. Speckwürfel ausbraten, ⅔ der Zwiebelwürfel darin dünsten. Hackfleisch und Gewürze hinzufügen und braten. Abgezogene, halbierte Tomaten und Wein zum Fleisch geben und 5 Minuten schmoren lassen. Restliche Zwiebeln in Butter andünsten, Champignonscheiben zugeben, 3 Minuten weiterdünsten, Sahne und Petersilie dazugeben, salzen und pfeffern und weitere 3 Minuten kochen lassen. Eine feuerfeste Form ausfetten, mit Teigplatten auslegen. Die Hackfleischmasse darauf geben und mit der Hälfte des Käses bestreuen. Mit den restlichen Teigplatten abdekken, Champignonmasse darüber verteilen und mit dem übrigen Käse bestreuen. Im vorgeheizten Backofen bei 200 °C 35 Minuten backen.

ca. 969 kcal/4059 kJ/Portion

Gemüselasagne

200 g Lasagneplatten
500 g Möhren
500 g Blattspinat
2 Zwiebeln, gehackt
2 Knoblauchzehen, gepreßt
6 EL Butter
2 EL Mehl
1 l Milch
Salz
Pfeffer
Muskatnuß
200 g Greyerzer oder Emmentaler, gerieben
Butter für die Form

3 EL Butter in einem Topf schmelzen, das Mehl goldbraun anschwitzen. Die Milch langsam unter Rühren dazugeben und im offenen Topf ¼ Stunde kochen lassen. Den Käse einrühren und schmelzen lassen. Mit Salz, Pfeffer und Muskat würzen, beiseite stellen. Die Karotten schälen und grob raspeln. Die Zwiebeln in einem Topf in 2 EL Butter glasig dünsten. Die Möhren kurz mitdünsten. Den Spinat hinzufügen und alles zusammen 8 Minuten dünsten. Den Knoblauch dazugeben, mit Salz, Pfeffer und Muskat kräftig würzen. Die Lasagneblätter bißfest kochen, abtropfen lassen. Nudelblätter und Gemüse in eine gefettete Auflaufform einschichten, jede Gemüseschicht dünn mit Käsesauce bedecken. Die letzte Schicht sollte aus Nudeln und Käsesauce bestehen. Im heißen Ofen bei 180 °C etwa 45 Minuten backen.

ca. 810 kcal/3391 KJ/Portion

Bunter Rädchennudel-Auflauf

▷

250 g Rädchennudeln
Salz
200 g Brokkoli
300 g Wiener Würstchen
150 g Tomaten
150 g Maasdamer
6 Eier
¼ l Milch
Pfeffer
30 g Butter

Nudeln in Salzwasser mit 5 g Butter garen, abgießen, abtropfen lassen. Brokkoli putzen, waschen, in sehr kleine Röschen teilen, geschälte Stiele sehr fein würfeln. In kochendem Wasser 2 Minuten blanchieren. Würstchen und gewaschene Tomaten in Scheiben schneiden. Käse reiben. Eier mit Milch, Salz und Pfeffer kräftig verquirlen. Eine Auflaufform mit 10 g Butter auspinseln.

Abwechselnd Nudeln, Brokkoli, Wurst- und Tomatenscheiben in kleinen Portionen einfüllen. Über die einzelnen Schichten jeweils eine dicke Käselage streuen. Eiermilch über den Auflauf gießen. Mit Käse und Butterflöckchen bestreuen.
Im vorgeheizten Backofen bei 200 °C etwa 45 Minuten backen lassen.

ca. 854 kal/3575 kJ/Portion

Vollkornnudel-Auflauf (Abb. S. 179)

250 g Vollkornnudeln
Salz
1 EL Öl
30 g Butter
200 g Gouda
150 g gekochter Schinken oder Schinkenspeck
150 g TK-Erbsen
4 Eier
¼ l Milch

Nudeln in reichlich Salzwasser mit Öl 8-10 Minuten garen, abtropfen lassen. Eine feuerfeste Form mit 10 g Butter ausstreichen. Den Gouda reiben, die Erbsen auftauen lassen und den Schinken würfeln. Eier mit Milch verquirlen, salzen und pfeffern. Abwechselnd Nudeln, Käse, Erbsen und Schinken und wieder Nudeln in die Form schichten. Als Abschluß den geriebenen Gouda dick darüberstreuen. Eier mit Milch verquirlen, würzen und über die Nudeln gießen. Butterflöckchen darüber verteilen und den Auflauf etwa 30-40 Minuten im vorgeheizten Backofen bei 180-200 °C backen.

ca. 715 kcal/3003 kJ/Portion

Nudelauflauf mit Champignons

▷

(2 Portionen)

125 g Muschelnudeln
200 g Champignons
1 EL Pflanzenöl
100 g gekochter Schinken
150 g Tomaten
Petersilie
Salz, Pfeffer
¼ l Milch
1 TL klare Fleischbrühe
3-4 EL Klassische Mehlschwitze, Instant
1-2 EL saure Sahne
30 g Emmentaler, gerieben

Nudeln in reichlich Salzwasser bißfest garen, abtropfen lassen. Champignons putzen und in Scheiben schneiden. In heißem Öl kurz dünsten, gewürfelten Schinken und in Achtel geschnittene Tomaten hinzufügen. Feingehackte Petersilie daruntermischen und mit Salz und Pfeffer abschmecken. Die Hälfte der Nudeln in eine gefettete Auflaufform geben. Champignon-Tomaten-Gemüse und dann die restlichen Nudeln darauf geben. Für den Guß Milch aufkochen und Fleischbrühe einstreuen. Mehlschwitze mit dem Schneebesen einrühren und eine Minute kochen lassen. Saure Sahne dazugeben und pikant abschmecken. Den Guß über den Auflauf gießen und mit Käse bestreuen. Im vorgeheizten Backofen bei 225 °C etwa 25 Minuten backen.

ca. 782 kcal/3276 kJ/Portion

Sardischer Nudelauflauf

500 g Tomaten
400 g Auberginen
400 g Zucchini
100 g Zwiebeln
2 Knoblauchzehen, gepreßt
⅛ l Olivenöl
Salz, Pfeffer
½ TL Thymian
2 TL Basilikum
1 EL Petersilie, gehackt
200 gekochter Schinken
200 g Erbsen
300 Hörnchennudeln
1 Ei
4 EL Sahne
80 g Pecorino

Die Tomaten häuten und in Scheiben schneiden. Die Auberginen und die Zucchini in ½ cm dicke Scheiben schneiden. Die Zwiebeln würfeln. Das Olivenöl in einer Pfanne erhitzen. Die Zwiebeln und den Knoblauch hell anschwitzen. Die Gemüsescheiben in eine Schüssel geben, mit dem Pfanneninhalt übergießen und mit Salz, Pfeffer und der Hälfte der Kräuter bestreuen. Den Schinken würfeln und mit den Erbsen dazugeben. Etwa eine Stunde durchziehen lassen. Die Hörnchen al dente kochen. Das Ei mit dem Schneebesen verrühren, die Sahne, den Käse und die Kräuter zufügen und die Mischung unter die Hörnchen heben. ⅓ der Nudeln in eine gefettete Form füllen. Die Gemüsemischung darüber verteilen, mit den restlichen Nudeln abdecken. Im vorgeheizten Ofen bei 200 °C 30-40 Minuten backen.

ca. 1040 kcal/4357 kJ/Portion

Nudelauflauf Griechische Art

▷

125 g Penne
200 g Rinderhack
2 EL Pflanzenöl
1 Aubergine
1 Paprikaschote
1 Knoblauchzehe, gepreßt
Salz, Pfeffer
Thymian, Oregano
¼ l Milch
3-4 EL Mehlschwitze
150 g Joghurt
1 Ei
50 g Schafskäse, gewürfelt
1 Zitrone (ungespritzt)

Nudeln in Salzwasser garen. Hackfleisch in Öl anbraten. Die Aubergine in Scheiben, die Paprikaschote in Streifen schneiden. Beides zum Hackfleisch geben und kurz mitgaren. Knoblauch und Gewürze hinzufügen. Gemüse-Hackfleisch-Masse mit den Nudeln schichtweise in eine gefettete Auflaufform geben. Für den Guß die Milch aufkochen, die Mehlschwitze einrühren und eine Minute unter ständigem Rühren kochen lassen. Joghurt, Ei und Schafskäse (etwas zum Bestreuen zurückbehalten) darunterrühren. Mit Salz, Pfeffer, Zitronensaft und -schale abschmecken. Die Sauce über den Auflauf gießen, mit etwas Schafskäse bestreuen. Bei 225 °C im heißen Ofen etwa 30 Minuten backen.

ca. 456 kcal/1910 kJ/Portion

Pastitsio

250 g Makkaroni
100 g Zwiebeln
4 Tomaten
½ Tasse Olivenöl
500 Rinderhack
1 EL Tomatenmark
1 Tasse Fleischbrühe
2 Knoblauchzehen
Salz, Pfeffer, Muskatnuß
1 EL Petersilie, gehackt
2 EL Semmelbrösel
80 g Feta, gewürfelt
20 g Butter
20 g Mehl
¼ l Milch
2 Eigelb
30 g Parmesan, gerieben

Nudeln in Salzwasser bißfest kochen. Zwiebeln schälen und würfeln. Die Tomaten enthäuten und würfeln. Die Zwiebeln in Öl anschwitzen, Hackfleisch dazugeben, 5 Minuten anbraten. Dann Tomatenmark und Tomaten zugeben, mit Brühe aufgießen. Das Fleisch mit Salz, Pfeffer, Knoblauch und Petersilie würzen und 20 Minuten kochen lassen. Wegstellen, die Semmelbrösel und den Feta unterrühren. Für die Sauce Butter zerlaufen lassen, Mehl zugeben, 2 Minuten anschwitzen. Dann die Milch zugießen, kräftig rühren und 5 Minuten kochen lassen. Vom Herd nehmen, Eigelb unterrühren, mit Salz und Muskat würzen und den geriebenen Käse einrühren. Nudeln und Hackfleisch abwechselnd in eine gefettete Form einfüllen. Mit der Sauce begießen. Im vorgeheizten Backofen bei 220 °C 30-35 Minuten backen.

ca. 755 kcal/3161 kJ/Portion

Makkaroniauflauf mit Gemüsen

▷

250 g Makkaroni
Salz, Pfeffer
50 g Butter
500 g Brokkoli
1 Bund Lauchzwiebeln
1 Dose Mais (280 g)
2 Scheiben gekochter Schinken (250 g)
300 g Gouda
6 Eier
200 g Sahne
1 TL Basilikum
1 kg Tomaten

Makkaroni in Salzwasser garen. Brokkoli in Röschen teilen, 5 Minuten in wenig Salzwasser garen. Abtropfen lassen. Lauchzwiebeln fein schneiden. Mais auf einem Sieb abtropfen lassen. Schinken fein würfeln. Eine feuerfeste Form einfetten und die Hälfte der Makkaroni einschichten. Käse reiben, ⅓ davon darüberstreuen. Brokkoli auf dem Käse verteilen. Mais und Schinken mischen, auf den Brokkoli geben. Mit der Hälfte des restlichen Käses bestreuen. Die Hälfte der Zwiebeln darüber geben. Restliche Nudeln darüber schichten. Eier mit Sahne verquirlen, mit Salz, Pfeffer und Basilikum würzen, über den Auflauf gießen. Restliche Butter in Flöckchen daraufsetzen. Im vorgeheizten Ofen bei 220 °C zugedeckt gut 40 Minuten backen. Nach 30 Minuten abdecken. Inzwischen Tomaten enthäuten und halbieren, mit der Schnittfläche nach unten auf den Auflauf legen, salzen, pfeffern. Restliche Zwiebeln und Käse darübergeben. Weitere 25 Minuten backen.

ca. 760 kcal/3179 kJ/Portion

Schinken-Nudel-Auflauf

250 g Rigatoni
Salz, Pfeffer
400 g Tomaten
60 g Zwiebeln
1 Knoblauchzehe
150 g Zucchini
2 EL Olivenöl
je ½ TL Oregano und Basilikum, ⅛ l Rotwein
2 TL Zitronensaft
2 EL Oliven, gewürfelt
250 g gekochter Schinken
100 g Erbsen
80 g Parmesan, gerieben

Nudeln kochen und abtropfen lassen. Die Tomaten häuten, in Stücke schneiden. Die Zwiebeln würfeln. Die Zucchini fein würfeln. Das Öl in einer Pfanne erhitzen. Die Zwiebelwürfel und den Knoblauch darin hell anschwitzen. Die Zuchiniwürfel und die Hälfte der Tomaten zufügen, mit ½ TL Salz, den Kräutern und etwas Pfeffer würzen, mit dem Rotwein aufgießen. 5-6 Minuten bei guter Hitze einkochen lassen, den Zitronensaft und die Oliven unterrühren. Den Schinken würfeln. In eine geölte Form eine Schicht Nudeln, darauf die Gemüsesauce, Schinken, Nudeln, die restlichen Tomaten und die Erbsen geben. Mit dem Käse bestreuen, mit Öl beträufeln. Im auf 220 °C vorgeheizten Ofen 20-25 Minuten backen.

ca. 469 kcal/1963 kJ/Portion

Spaghettiauflauf

▷

250 g Spaghetti
Salz
250 g Gemüsezwiebeln
etwas Margarine
6 Würstchen
4 Eier
¼ l saure Sahne
Pfeffer
Schnittlauch
1 Päckchen Chester-Schmelzkäsescheiben

Spaghetti in Salzwasser garen, abgießen und abschrekken. Die Zwiebel würfeln, in Margarine dünsten, die in Scheiben geschnittenen Würstchen zufügen und salzen. Spaghetti mit der Zwiebel-Würstchen-Masse vermengen und in eine gefettete Auflaufform füllen. Eier mit saurer Sahne, Salz, Pfeffer und Schnittlauch verschlagen, darübergießen und den Auflauf etwa 20 Minuten bei 225 °C im vorgeheizten Ofen überbacken.
Schmelzkäse-Scheiben in breite Streifen schneiden, darauf verteilen, mit Margarineflöckchen besetzen und weitere 10 Minuten überbacken.

ca. 1005 kcal/4208 kJ/Portion

Grüne Nudeln mit Meeresfrüchten

(2 Portionen)

120 g grüne Nudeln
Salz, Pfeffer
4 Seezungenfilets (300-350 g)
4 Riesengarnelenschwänze (150-200 g)
40 g Möhren
60 g Staudensellerie
2 Tomaten
40 g Butter
2 EL Cognac
Butter für die Form
4 EL Crème fraîche
4 El trockener Weißwein
1 EL Parmesan, gerieben
40 g Butter
1 EL Schnittlauchröllchen

Die Nudeln bißfest kochen, abtropfen lassen. Die Seezungenfilets leicht salzen und aufrollen. Die rohen Garnelenschwänze schälen, längs aufschneiden, vom Darm befreien und kurz abwaschen. Die Karotten putzen und ebenso wie den Sellerie in dünne Stifte schneiden. Die Tomaten kurz brühen, abziehen, halbieren, entkernen und in Segmente schneiden. Die Butter in einer Pfanne zerlassen. Die Seezungenröllchen und die Garnelen darin ganz kurz dünsten. Die Tomaten zufügen. Mit Salz, Pfeffer und dem Cognac würzen. Alles weitere 1-2 Minuten dünsten. Eine Auflaufform mit Butter ausstreichen. Die Nudeln hineingeben, die Seezungenröllchen, die Garnelenschwänze und zuletzt das Gemüse darauf verteilen. Die Crème fraîche mit dem Wein und dem Käse verrühren, über das Gratin gießen und mit der Butter in Flöckchen belegen.
Im vorgeheizten Backofen bei 210 °C 15-20 Minuten garen. Vor dem Servieren mit Schnittlauch bestreuen.

ca. 1009 kcal/4225 kJ/Portion

Nudelauflauf mit Oliven

▷

250 g grüne Bandnudeln
Salz
20 g Butter
300 g Schweinemett
250 g Tomaten
1 Glas Oliven, mit Paprika gefüllt (85 g)
Oregano
2 Eier
⅛ l Sahne
100 g Favorel, gerieben
2 TL Semmelbrösel

Nudeln in reichlich Salzwasser mit 10 g Butter garen, abtropfen lassen. Eine hitzebeständige Form mit Butter ausstreichen. Abwechselnd Nudeln, Schweinemett, Oliven- und Tomatenscheiben einfüllen. Oregano darüberstreuen.
Die Eier mit Sahne und Käse verquirlen, über den Auflauf verteilen. Mit Semmelbröseln bestreuen. Im vorgeheizten Backofen bei 200 °C etwa 30 Minuten backen. Kurz vor dem Servieren mit gewaschenen, gezupften Oreganoblättchen bestreuen.

ca. 724 kcal/3031kJ/Portion

Nudel-Zucchini-Auflauf

200 g Vollkornnudeln
Salz
2 Zwiebeln
2 EL Öl
2 Zucchini
4 Tomaten
150 g Champignons
Saft von 1 Zitrone
2 EL Butter
Pfeffer
je 1 EL Oregano und Basilikum
¼ l passierte Tomaten
1 Schuß Rotwein
¼ l Béchamelsauce (Fertigprodukt)
200 g Mozzarella

Die Nudeln in Salzwasser bißfest kochen, abgießen, in einem Sieb abtropfen lassen. Die Zwiebeln würfeln und im Öl andünsten. Die Zucchini halbieren, entkernen und das Fruchtfleisch in Scheiben schneiden. Die Tomaten enthäuten, entstielen und in Scheiben schneiden. Die Champignons in Scheiben schneiden und mit Zitronensaft beträufeln. Eine Auflaufform ausfetten und die Zutaten schichtweise mit den Nudeln hineinfüllen. Jede Schicht mit Salz, Pfeffer, Oregano und Basilikum bestreuen und mit den passierten Tomaten bedecken. Den Auflauf mit Rotwein beträufeln, mit der Béchamelsauce überziehen und den in Scheiben geschnittenen Mozzarella darauf verteilen. Den Auflauf im vorgeheizten Backofen bei 220 °C etwa 30 Minuten garen.

ca. 460 kcal/1926 kJ/Portion

Bunter Nudelauflauf

▷

500 g bunte Nudeln
1 Zucchino
300 g Möhren
4 Tomaten
100 g Champignons
100 Zuckerschoten
150 g Maiskörner
250 g Schinken, gekocht
2 Packungen Kräutersauce
50 g Erbsen
200 g Doppelrahmfrischkäse
Würzflüssiger Knoblauch
Schnittlauch

Die Nudeln bißfest kochen. Zucchini und Möhren in Scheiben schneiden. Tomaten waschen und in Stücke schneiden. Champignons putzen und vierteln. Die Zuckerschoten waschen und entfädeln. Maiskörner abtropfen lassen. Den gekochten Schinken in Streifen schneiden. Die Kräutersauce mit dem Schneebesen in ½ l kochendes Wasser einrühren und eine Minute kochen lassen. Schinken und Gemüse sowie die Erbsen in die Sauce geben. Den Frischkäse einrühren, mit flüssigem Knoblauch würzen. Die Nudeln unterheben und alles in eine Auflaufform füllen. Im vorgeheizten Backofen bei 180 °C ewa 15-20 Minuten backen. Vor dem Servieren mit den Schnittlauchröllchen bestreuen.

ca. 860 kcal/3600 kJ/Portion

Greyerzer Nudelgratin

300 g Spiralnudeln
2 TL Öl
Salz, Pfeffer
300 g Greyerzer
250 g Katenschinken
2 TL Butter
200 ml Sahne
4 Eier
2 EL Mehl
1 EL Schnittlauchröllchen
Muskatnuß
2 EL Semmelbrösel
60 g Butter

Die Nudeln bißfest kochen. Den Käse reiben. Den Schinken in Streifen schneiden und unter die Nudeln mischen. Eine Auflaufform ausfetten und die Nudel-Schinken-Mischung hineinfüllen. Die Sahne mit Eiern und Mehl verquirlen. Schnittlauch und 250 g geriebenen Käse unterrühren und mit Salz, Pfeffer und Muskat abschmecken. Die Masse über die Nudeln gießen. Den restlichen Käse mit den Semmelbröseln über den Auflauf streuen und die Butter in Flöckchen darauf setzen. Im vorgeheizten Backofen bei 220 °C etwa 20 Minuten backen.

ca. 630 kcal/2638 kJ/Portion

FRANCE

Makkaroniauflauf mit Hackfleischsauce ▷

400 g Rinderhack
250 g Makkaroni
Salz
2 Zwiebeln
1 Knoblauchzehe
50 g Butterschmalz
Pfeffer
1 Dose Tomaten
50 g gekochter Schinken
1 Bund Basilikum
Butter für die Form
150 g Gouda
50 g Butter

Nudeln bißfest kochen, abtropfen lassen. Zwiebeln und Knoblauch schälen und fein würfeln. Butterschmalz in einem Topf erhitzen. Zwiebeln und Knoblauch in heißem Fett glasig dünsten. Hackfleisch zufügen und kümelig anbraten. Mit Salz und Pfeffer kräftig würzen. Tomaten zufügen und alles etwa 20 Minuten einkochen lassen. Schinken würfeln. Basilikum hacken und beides unterrühren. In der Zwischenzeit eine feste Form mit Butter ausstreichen. Käse reiben. Abwechselnd Makkaroni, Käse und Hackfleisch-Tomaten-Sauce einschichten. Mit Butterflöckchen belegen und mit einer Schicht Käse abschließen. Im vorgeheizten Backofen bei 200 °C etwa 30-40 Minuten goldgelb überbacken.

796 kcal/3332 kJ/Portion

Spätzleauflauf mit Kräutern

400 g Spätzle
Salz
300 g Emmentaler, gerieben
4 EL Petersilie, gehackt
4 EL Schnittlauch, gehackt
8 EL Sahne
2 TL Butter

Die Spätzle in Salzwasser bißfest garen, abgießen und in einem Sieb abtropfen lassen. Den Käse mit den Kräutern, Salz und der Sahne verrühren. Die Spätzle darunterheben. Eine Auflaufform ausfetten. die Spätzlemasse hineinfüllen. Den Auflauf bei 220 °C im vorgeheizten Backofen etwa 20 Minuten backen.

ca. 740 kcal/3098 kJ/Portion

TIP

Ob die Nudeln „al dente", sind, testen Sie folgendermaßen: Nehmen Sie mit einer Gabel eine Nudel aus dem kochenden Wasser; abtropfen und etwas abkühlen lassen und abbeißen. Wenn die Nudel außen nicht mehr klebt und innen noch Biß hat, ist sie perfekt. Machen Sie die Probe am besten 1-2 Minuten vor Ende der auf der Packung angegebenen Garzeit.

Hörnchentopf mit Käse

▷

250 g Hörnchennudeln
Salz
1 TL Öl
30 g Butter
300 g gekochter Schinken
300 g Gouda
Pfeffer, Salz
1 TL Dill, gehackt

Nudeln in reichlich Salzwasser mit Öl 9-10 Minuten garen, abtropfen lassen. Die Butter in einer großen Pfanne schmelzen, die Nudeln darin erhitzen. Gleich große Schinken- und Goudawürfel daruntermischen. Unter vorsichtigem Wenden erhitzen, bis der Käse schmilzt. Leicht pfeffern und salzen. Mit gehacktem Dill bestreut servieren.

ca. 777 kcal/3253 kJ/Portion

Florentiner Nudelauflauf

450 g TK-Blattspinat
200 g Bandnudeln
Salz
2 kleine Zwiebeln
50 g durchwachsener Speck
2 EL Öl
4 kleine Tomaten
120 g Salami
100 g Appenzeller
2 Knoblauchzehen
2 Eier
100 ml Sahne
4 EL Kartoffelpüreepulver
Pfeffer
Muskatnuß
2 TL Butter

Den Spinat auftauen lassen. Die Nudeln in Salzwasser bißfest kochen, abgießen und in einem Sieb abtropfen lassen. Die Zwiebeln und den Speck fein würfeln. Beides in Öl anbraten. Speck und Zwiebel unter den Spinat mischen. Stengelansätze von den Tomaten entfernen, Tomaten in Scheiben schneiden. Die Salami in Streifen schneiden, den Käse reiben. Die Knoblauchzehe zerdrücken, mit den Eiern, der Sahne, dem Kartoffelpüreepulver und den Gewürzen mischen. Die Eimasse mit dem Spinat mischen. Eine Auflaufform ausfetten. Die gekochten Nudeln abwechselnd mit der Spinat-Eier-Masse in die Form füllen. Den Auflauf mit Tomatenscheiben belegen. Die Salamistreifen darauflegen und den Käse darüberstreuen. Im vorgeheizten Backofen bei 220 °C etwa 30 Minuten backen.

ca. 680 kcal/2847 kJ/Portion

Reisauflauf mit Tomaten

▷

2 Beutel Naturreis à 125 g
Salz
50 g Butter
1 Knoblauchzehe
4 mittelgroße Zwiebeln
Rosmarin
¼ l Weißwein
200 g Gouda
500 g Tomaten
250 g Fleischwurst

Den Naturreis in Salzwasser nach Packungsanweisung garen, abtropfen lassen. Die Butter in einer Pfanne erhitzen. Zerdrückte Knoblauchzehe und Zwiebelwürfel darin glasig dünsten. Rosmarin zugeben, mit Wein ablöschen und weitere 10 Minuten dünsten. Gouda reiben, Tomaten waschen, Blütenansätze herausschneiden und achteln. Den abgekühlten Reis mit erkalteten Zwiebeln und ⅔ der Käsemenge mischen. Eine Auflaufform ausfetten, mit Tomatenachteln und Wurstscheiben auslegen. Die Reismischung einfüllen. Restliche Wurstscheiben und Tomatenstücke dazwischenstecken. Mit Gouda bestreuen und im vorgeheizten Backofen bei 200 °C etwa 25-30 Minuten garen lassen. Dazu paßt Tomatensauce sehr gut.

ca. 745 kcal/3129 kJ/Portion

Mexikanischer Reisauflauf

400 g Schweinefleisch, mager
100 g durchwachsener Speck
2 Knoblauchzehen
Salz, Pfeffer
je 2 TL Paprika und Curry
Kardamom
½-1 TL Cayennepfeffer
2 Zwiebeln
je 1 grüne und rote Paprikaschote
150 ml Bratensauce
6 EL Tomatenmark
½ l Geflügelfond
einige Tropfen Tabasco
200 g Langkornreis
je 150 g Maiskörner und Kidneybohnen aus der Dose
2 TL Öl für die Form
4 EL Schnittlauch, gehackt

Den Speck würfeln und auslassen. Das Schweinefleisch in Würfel schneiden, zum Speck geben und von allen Seiten anbraten. Den Knoblauch mit Salz zerreiben und unterrühren. Alles mit Salz, Pfeffer, Paprikapulver, Curry, Kardamom und Cayennepfeffer würzen. Zwiebeln und Paprika in Würfel schneiden, zum Fleisch geben. Bratensauce angießen, Tomatenmark unterrühren, mit dem Geflügelfond auffüllen, mit Tabasco nachschärfen. Den Reis dazugeben. Die Maiskörner und die Kidneybohnen abtropfen lassen, unter den Reis mischen. Eine Auflaufform ausfetten, die Reismasse hineinfüllen. Abgedeckt im vorgeheizten Backofen bei 200 °C etwa 35 Minuten backen. Mit Schnittlauch bestreut servieren.

ca. 840 kcal/3517 kJ/Portion

Reisauflauf mit Hähnchenbrust

▷

1 Zwiebel
2 EL Öl
200 g Langkornreis
1 Msp. Safran
1 Dose Tomaten (850 g)
1 Brühwürfel
300 g Hähnchenbrustfilet
20 g Pinienkerne
50 g Rosinen
1-2 Msp. Kümmel, gemahlen
Salz, Pfeffer
10 g Butter
100 g Maasdamer, gerieben

Die Zwiebelwürfel in 1 EL Öl glasig dünsten, Reis zugeben, mit Safran würzen. Tomaten auf ein Sieb geben, Saft auffangen und mit Wasser zu 400 ml auffüllen. Mit zerbröseltem Brühwürfel zum Reis geben, 20 Minuten garen lassen. Restliches Öl erhitzen, in Streifen geschnittene Hähnchenbrust darin anbraten. Pinienkerne und Rosinen zugeben, mit Kümmel, Salz und Pfeffer würzen. Eine flache, hitzebeständige Form mit Butter ausstreichen. Reis mit grob zerkleinerten Tomaten und gebratenem Fleisch mischen. In die Auflaufform füllen, mit Käse bestreuen. Im vorgeheizten Ofen bei 200 °C etwa 30 Minuten backen.

ca. 515 kcal/2155 kJ/Portion

Orientalischer Topf

200 g Langkornreis
Salz
2 Zwiebeln
2 Knoblauchzehen
600 g Rinderhack
2 EL Öl
200 ml Rotwein
300 g geschälte Tomaten
Pfeffer
Thymian
Paprika edelsüß
Zimt
2 TL Margarine
200 ml Sahne
200 g Emmentaler, gerieben

Den Reis in etwa 600 ml Wasser mit etwas Salz bißfest kochen. Die Zwiebeln würfeln, die Knoblauchzehen fein hacken. Das Hackfleisch in Öl krümelig braten, dann die Zwiebeln und den Knoblauch dazugeben und den Wein angießen, etwas einköcheln lassen. Die Tomaten abtropfen lassen, dazugeben und alles zu einer sämigen Sauce einköcheln lassen. Mit Salz, Pfeffer, Paprika und Zimt sehr pikant abschmecken. Eine Auflaufform mit Margarine ausfetten. Den Reis mit der Hackfleischsauce mischen und alles in die Form füllen. Die Sahne darübergießen und mit Käse bestreuen. Im vorgeheizten Backofen bei 200 °C etwa 35 Minuten backen.

ca. 900 kcal/3768 kJ/Portion

Schmorgemüse im Reisrand

▷

250 g Langkornreis
Salz
30 g Butter
1 EL Gouda, gerieben
2 Zwiebeln
40 g Butter
200 g Auberginen
500 g rote, gelbe und grüne Paprikaschoten
400 g Tomaten
½ TL Kräuter der Provence
3 Zweige Thymian
3 Zweige Oregano
6-8 Nadeln Rosmarin
200 g Schnittkäse mit Knoblauchstückchen

Reis in Salzwasser in 15-18 Minuten garen, abgießen. Mit 20 g Butter und geriebenem Gouda in einem Topf mischen und erhitzen. Reisrandform mit 10 g Butter ausstreichen. Reis in die Form füllen und fest andrücken. Im 50 °C heißen Backofen warmstellen. Zwiebelwürfel in Butter glasig dünsten. Auberginen, Paprikaschoten und Tomaten putzen, waschen, würfeln und zu den Zwiebeln geben. Mit getrockneten und frischen Kräutern, Salz und Pfeffer würzen. Zugedeckt ca. 15 Minuten schmoren lassen. Reisrand auf eine hitzebeständige Platte stürzen. Gemüse mit dem in kurze Streifen geschnittenen Käse mischen, in den Reisrand füllen. 2 Minuten unter dem Grill oder 5 Minuten im 200 °C heißen Backofen erhitzen, bis der Käse geschmolzen ist.

ca. 628 kcal/2630 kJ/Portion

Gefüllte Weinblätter

2 Zwiebeln
2 TL Petersilie, gehackt
400 g Rinderhack
2 Eier
2 EL Semmelbrösel
Salz, Pfeffer, Zucker
Paprika edelsüß
1 TL Senf
4 TL Tomatenmark
16 eingelegte Weinblätter
250 g gekochter Langkornreis
200 ml Brühe
¼ l trockener Weißwein
2 EL Madeira
200 g Mozzarella

Die Zwiebeln in feine Würfel schneiden, mit Petersilie, Hackfleisch, Eiern, Semmelbröseln, Salz, Pfeffer, Paprika, Senf und 2 TL Tomatenmark zu einem Teig verarbeiten. Den Fleischteig in 16 gleich große Portionen aufteilen. Die abgetropften Weinblätter auf Küchenpapier legen. Die Hackfleischportionen darauf verteilen. Die Seiten der Weinblätter zur Mitte hin einschlagen und die Blätter vorsichtig aufrollen. Eine Auflaufform ausfetten. Den gekochten Reis hineinfüllen, die aufgerollten Weinblätter darauflegen. Die Brühe mit Wein, 2 TL Tomatenmark, Salz, etwas Zucker, Pfeffer und Madeira verrühren. Über die Weinblätter gießen. Den Mozzarella in Scheiben schneiden und darauf verteilen. Im vorgeheizten Backofen etwa 40 Minuten bei 200 °C backen.

ca. 610 kcal/2554 kJ/Portion

Reisauflauf mit Schinken

200 g Langkornreis
Salz
2 Paprikaschoten, rot
200 g Katenschinken
200 g Emmentaler, gerieben
2 TL Butter
200 ml Vollmilch
4 Eier
2 EL Petersilie, gehackt
Pfeffer
Muskatnuß
2 EL Semmelbrösel

Den Reis in 400 ml Salzwasser kochen. Inzwischen die Paprikaschoten halbieren, entkernen und vierteln. Die Paprikaviertel bißfest blanchieren. Den Katenschinken und die blanchierten Paprikaschoten würfeln. Beides mit 150 g geriebenem Emmentaler mischen. Eine Auflaufform ausfetten und die Hälfte Reis hineinfüllen. Die Paprika-Schinken-Mischung darauf verteilen. Den restlichen Reis darübergeben und glattstreichen. Die Milch mit den Eiern, der Petersilie und den Gewürzen verquirlen, über den Reis gießen und die Semmelbrösel und den restlichen Käse darüberstreuen. Im vorgeheizten Backofen bei 200 °C etwa 35 Minuten garen.

700 kcal/2931 kJ/Portion

Abb. S. 207
Zwetschgengratin
(Rezept S. 210)

ZUCKER
Süßes aus dem
Backofen

Hirseflocken-Quark-Auflauf

▷

2 mittelgroße Äpfel
Saft von ½ Zitrone
2 Eier, getrennt
250 g Magerquark
3 EL Milch
2 EL Honig
50 g Hirseflocken
Fett für die Form
2 EL Mandeln, gehackt

Die Äpfel waschen oder schälen, vierteln, das Gehäuse entfernen und in dünne Scheiben schneiden, mit Zitronensaft beträufeln. Eigelb mit Magerquark, Milch und Honig verrühren, die Hirseflocken unterheben. Das Eiweiß steif schlagen und zusammen mit den Apfelscheiben unter die Quarkmasse heben, in eine feuerfeste ausgefettete Form füllen und bei 180 °C etwa 35 Minuten backen.

ca. 220 kcal/880 kJ/Portion

Apfelbettelmann

80 g Butter
250 g Vollkornsemmelbrösel
Schale von 1 Zitrone (unbehandelt)
je 1 Msp. Kardamom- und Nelkenpulver
600 g Äpfel
6 EL Apfeldicksaft
80 g Weintrauben
4 EL Mandelblättchen
2 TL Butter
250 g Crème fraîche
1 TL Zimt

Butter in einer Pfanne erhitzen, die Vollkornbrösel darin anrösten. Abkühlen lassen, mit Zitronenschale, Kardamom und Nelken mischen. Die Äpfel schälen, entkernen, in Scheiben schneiden. Mit dem Apfeldicksaft und wenig Wasser in einem Topf ganz kurz ausdünsten. Vom Feuer nehmen, die Weintrauben halbieren und dazugeben. Abkühlen lassen. Das Obst abtropfen lassen, dabei den Saft auffangen. Die Mandelblättchen in einer trockenen Pfanne leicht rösten. Eine Auflaufform ausfetten und die Bröselmasse, die Apfelscheiben mit den Weintrauben und die Mandelblättchen schichtweise hineinfüllen. Die oberste Schicht mit der restlichen Bröselmasse bestreuen und die restliche Butter in Flöckchen darauf verteilen.
Den Auflauf auf der untersten Schiene im vorgeheizten Ofen bei 200 °C etwa 45 Minuten backen. Für die Sauce den Saft der gedünsteten Äpfel mit Crème fraîche und Zimt verrühren.

ca. 640 kcal/2679 kJ/Portion

Pfitzauf

▷

250 g Mehl
1 Prise Salz
½ l Milch
4-5 Eier
50 g zerlassene Butter
50-80 g Butter für die Form
Puderzucker zum Bestäuben

Aus Mehl, Salz, Milch und den Eiern einen Teig rühren und die zerlassene, abgekühlte Butter unterheben. Kleine feuerfeste Auflaufformen mit reichlich Butter einfetten und zur Hälfte mit Teig füllen. Im vorgeheizten Backofen auf der unteren Schiene bei 220 °C 20-30 Minuten backen, bis sich die Menge verdoppelt hat. Heiß aus den Förmchen stürzen, mit Puderzucker bestreuen. Als Beilage paßt Kirsch- oder Pflaumenkompott.

ca. 625 kcal/2613 kJ/Portion

Zwetschgengratin (Abb. S. 207)

750 g Zwetschgen
150 g Crème double
100 g Zucker
Butter für die Form
Zimt
Puderzucker zum Bestäuben

Die entsteinten Zwetschgen in eine feuerfeste gebutterte Form dachziegelförmig einschichten. Die Crème double mit dem Zucker verrühren und über die Zwetschgen verteilen. Im vorgeheizten Ofen bei 250 °C etwa 15-20 Minuten backen und erkalten lassen. Kalt servieren, mit dem vermischten Zimt und Puderzucker bestäuben.

ca. 423 kcal/1771 kJ/Portion

French Toast

8 Scheiben Weißbrot
150 g Rosinen
4 Eier
2 Päckchen Vanillezucker
Salz
Zimt
¼ l Milch

Eine flache Auflaufform mit Butter ausstreichen und die Brotscheiben leicht überlappend hineinschichten. Jede Lage mit Rosinen bestreuen. Die Eier mit Vanillezucker, Salz, Zimt und Milch mit dem Schneebesen verschlagen und über die Brotscheiben geben. Etwa ½ Stunde ziehen lassen. Den Auflauf im vorgeheizten Backofen bei 200 °C etwa 40 Minuten goldgelb backen.

ca. 370 kcal/1549 kJ/Portion

Hirse-Sesam-Pudding

▷

200 g Hirse
200 ml Wasser
400-500 ml Milch
Zitronenschale, unbehandelt
1 Prise Meersalz
150 g saure Sahne
Naturvanille (Reformhaus)
3 Eier, getrennt
3 EL Honig
50 g Sesam
Fett für die Form

Hirsekörner in ein Sieb geben und kurz unter fließendem Wasser waschen. Wasser und Milch zum Kochen bringen, Zitronenschale, Salz und die Hirse hineingeben. Aufkochen und ausquellen lassen. Saure Sahne, Eigelb, Vanillezucker, Honig und den kurz in der Pfanne angerösteten Sesam vermengen. Eiweiß zu Schnee schlagen und mit Sahnemasse und Hirse vermischen. Die Masse in eine gefettete Auflaufform füllen und im Backofen bei 200 °C etwa 60 Minuten überbacken.

ca. 570 kcal/2280 kJ/Portion

Johannisbeerauflauf mit Haferflocken

▷

300 g Magerquark
2 Eier, getrennt
½ Päckchen Vanillesaucenpulver
2 EL Crème fraîche
3 EL Ahornsirup
300 g rote Johannisbeeren
30 g Margarine oder Butter
150 g Haferflocken
1-2 EL brauner Zucker

Quark mit Eigelb, Vanillesaucenpulver, Crème fraîche und Ahornsirup verrühren. Fett in der Pfanne erhitzen und die Haferflocken darin goldgelb rösten. Den Zucker zugeben und solange rühren, bis er sich aufgelöst hat.
Die Johannisbeeren waschen und abzupfen, Eiweiß zu Schnee schlagen. Alles miteinander mischen und in eine gefettete Auflaufform geben. Bei 200-220 °C etwa 40 Minuten im Ofen überbacken.
Sollte der Auflauf schon frühzeitig braun werden, mit Alufolie abdecken.
Dazu paßt Vanillesauce.

ca. 480 kcal/1920 kJ/Portion

Rhabarberauflauf mit Streuseln

▷

750 g Rhabarber
200 g Zucker
Schale von 1 Zitrone (unbehandelt)
200 g Mehl
1 Prise Salz
1 Msp. Zimt
120 g Zucker
100 g Butter

Rhabarber waschen, abziehen und in dicke Stücke schneiden. Mit Zucker und abgeriebener Zitronenschale mischen, in eine gefettete, feuerfeste Form geben. Mehl auf eine Arbeitsfläche sieben und mit Salz, Zimt und dem Zucker mischen. Die kalte Butter in kleinen Flöckchen darüber geben und zu Streuseln verkneten. Streusel auf dem Rhabarber verteilen. Bei 200 °C im Backofen 40-50 Minuten backen. Dazu Schlagsahne reichen.

ca. 700 kcal/2930 kJ/Portion

Grießauflauf mit Pflaumen

600 g reife Pflaumen
80 g Marzipanrohmasse
1 Msp. Zimt
50 g Honig
½ l Milch
30 g Zucker
¼ TL Salz
abgeriebene Schale von ½ Zitrone (unbehandelt)
½ Vanilleschote
100 g Weizengrieß
30 g Butter
5 Eier, getrennt
50 g Zucker
Butter und Semmelbrösel für die Form
Puderzucker

Die Pflaumen waschen, halbieren und die Steine entfernen. Die Fruchthälften in eine Schüssel geben. Die Marzipanrohmasse in kleine Würfel schneiden, mit dem Zimt und dem Honig verrühren. Diese Mischung auf den Pflaumen verteilen und 2-3 Stunden durchziehen lassen. Die Milch mit Zucker, Salz, Zitronenschale und Vanillemark zum Kochen bringen. Den Grieß langsam einrieseln lassen und bei ganz schwacher Hitze unter Rühren etwa 5 Minuten ausquellen lassen, vom Herd nehmen. Zuerst die Butter, dann nacheinander die Eidotter unterrühren. Das Eiweiß steif schlagen. 50 g Zucker langsam einrieseln lassen und weiterschlagen, bis der Eischnee schnittfest ist. Mit einem Kochlöffel unter den warmen Grießbrei ziehen. Eine Form ausfetten und mit Semmelbröseln ausstreuen. Von der Grießmasse eine 1 cm dicke Schicht einfüllen. Die Pflaumen mit der Honigsauce darauf verteilen. Die übrige Grießmasse einfüllen. Den Auflauf im vorgeheizten Ofen bei 200 °C auf der unteren Schiene in 35-40 Minuten backen.

ca. 637 kcal/2667 kJ/Portion

Erdbeer-Reis-Auflauf

▷

100 g Rundkornreis
⅛ l süße Sahne
¼ l Milch
50 g Butter
1 Päckchen Vanillezucker
3 Eier
100 g Zucker
600 g Erdbeeren
Semmelbrösel für die Form

Reis kurz aufkochen lassen und abseihen. Mit Milch, Sahne, Butter etwa 20 bis 30 Minuten zu einem dicken Brei kochen und erkalten lassen. Eigelb mit Zucker und Vanillezucker schaumig rühren, mit Reis vermischen und geputzte und geviertelte Erdbeeren dazugeben. Zum Schluß das zu festem Schnee geschlagene Eiweiß unterziehen. Eine Form mit Butter ausstreichen, mit Semmelbröseln bestreuen und Masse einfüllen. Im vorgeheizten Backofen bei 200 °C ca. 45 Minuten backen.

ca. 550 kcal/2304 kJ/Portion

Apfel-Reis-Auflauf

1 l Milch
Salz
1 Vanilleschote
abgeriebene Schale von ½ Zitrone (unbehandelt)
125 g Rundkornreis
4 Eier, getrennt
50 g Butter
70 g Zucker
500 g Äpfel
100 g Sauerkirschkonfitüre
Butter für die Form

Die Milch mit dem Salz, der längs aufgeschnittenen Vanilleschote und der Zitronenschale zum Kochen bringen. Den Reis zugeben und bei stark reduzierter Hitze in 20 Minuten ausquellen lassen. Die Vanilleschote herausnehmen und das Mark in den Reisbrei abstreifen. Etwas abkühlen lassen. Die Eigelbe nacheinander unterrühren. Den Brei vollständig abkühlen lassen. Die Butter mit der Hälfte des Zuckers schaumig rühren und unter den Reisbrei mischen. Eine Auflaufform ausfetten. Die Äpfel schälen und in Spalten schneiden. Die Form damit auslegen und die Konfitüre darüber verteilen. Das Eiweiß steif schlagen, den restlichen Zucker einrieseln lassen und weiter schlagen, bis der Schnee schittfest ist. ⅓ des Eischnees unter den Reisbrei rühren, dann den Rest vorsichtig unterheben. Die Reismasse über die Äpfel verteilen und glattstreichen. Im vorgeheizten Ofen bei 180 °C auf der unteren Schiene 45-50 Minuten backen.

ca. 649 kcal/2720 kJ/Portion

Ofenschlupfer mit Weinschaumsauce ▷

1 Baguette (vom Vortag)
3 Äpfel, mittelgroß
Zucker
Zimt
Puderzucker
1 TL Butterschmalz
½ l Milch oder Sahne
3 EL Zucker
3-4 Eier

Für die Sauce:
2 Eier
80 g Zucker
¼ l Apfelwein

Baguette in dünne Scheiben schneiden. Eine Auflaufform mit Butterschmalz einfetten. Äpfel schälen und achteln. Abwechselnd Brot- und Apfelscheiben in die Form schichten. Zwischendurch mit Zucker und Zimt bestreuen. Eier, Milch (Sahne) und Zucker verrühren und in die Form gießen. Butterschmalz zerlassen und die Apfel- und Brotscheiben damit bestreichen. Mit Zucker und Zimt bestreuen.

Im vorgeheizten Backofen bei 220 °C 45 Minuten backen.
Inzwischen alle Zutaten für die Sauce in einem Topf verrühren. Bei kleiner Hitze oder im Wasserbad so lange mit dem Schneebesen des Handrührgeräts schlagen, bis die Sauce dick wird.
Den Auflauf mit Puderzucker bestreut noch heiß mit der Sauce servieren.

ca. 541 kcal/2266 kJ/Portion

Apfelauflauf

80 g Walnüsse
400 g Äpfel
120 g Zucker
Zimt
60 g Sultaninen
60 g Kokosraspel
6 EL Orangensaft
150 ml Weißwein, lieblich
4 EL Calvados
2 TL Butter
2 EL Semmelbrösel
2 Eier, getrennt
80 g Butter
80 g Weizenstärke
80 g Löffelbiskuits

Die Walnüsse hacken, die Äpfel schälen, achteln und entkernen. Äpfel, Walnüsse, Zimt, 4 EL Zucker, Sultaninen, Kokosraspel, Orangensaft, Weißwein und Calvados mischen und alles etwa 10 Minuten durchziehen lassen. Eine runde Auflaufform ausfetten. Semmelbrösel mit 2 EL Zucker und einer Prise Zimt mischen. Eiweiß zu steifem Schnee schlagen. Die weiche Butter mit dem restlichen Zucker schaumig rühren, das Eigelb dazugeben. Danach die Stärke unterrühren. Den Teig mit der Apfelmasse mischen und den Eischnee vorsichtig unterheben. Die Löffelbiskuits in die Auflaufform bröckeln, den Apfelteig daraufgeben und glattstreichen. Die Semmelbrösel-Zucker-Zimt-Mischung über den Auflauf streuen.
Im vorgeheizten Backofen bei 200 °C etwa 35 Minuten backen.

ca. 900 kcal/3768 kJ/Portion

Apfelgratin

▷

800 g Äpfel
200 ml Sahne
3 Eigelb
½ TL Zimt
3 EL Puderzucker
etwas Butter

Die geschälten und vom Kerngehäuse befreiten Äpfel in dünne Scheiben schneiden und dachziegelartig in eine gebutterte, flache Auflaufform schichten. Sahne, Eigelb, Zimt und Puderzucker verrühren und über die Apfelscheiben gießen. Im vorgeheizten Backofen bei 200 °C etwa 25-30 Minuten backen.

ca. 337 kcal/1413 kJ/Portion

Quarkauflauf

80 g Rosinen
2 cl brauner Rum
800 g Äpfel
100 g Mandeln, gemahlen
Butter für die Form
Zucker
1 Zitrone, unbehandelt
4 Eier, getrennt
120 g Butter
Salz
500 g Schichtkäse
20 g Mehl
30 g Speisestärke
100 Zucker
gehobelte Mandeln
Puderzucker

Die Rosinen in dem Rum einweichen. Die Äpfel schälen, halbieren, die Apfelhälften leicht aushöhlen. Die eingeweichten Rosinen mit dem Rum pürieren und mit den gemahlenen Mandeln gut vermischen. Die Apfelhälften damit füllen. Eine Auflaufform mit weicher Butter ausstreichen und mit Zucker ausstreuen. Die Apfelhälften mit der Füllung nach unten in die Form setzen. Die Zitrone dünn abreiben und auspressen. Eigelb mit der Butter, dem Zitronensaft und der abgeriebenen Zitronenschale, dem Salz, dem Schichtkäse, dem Mehl und der Speisestärke zu einer glatten Masse verrühren. Das Eiweiß mit dem Zucker zu steifem Schnee schlagen und unter die Quarkmasse ziehen. Diese dann gleichmäßig über die Äpfel verteilen, glattstreichen und mit Mandelblättchen bestreuen. Im vorgeheizten Backofen bei 200 °C auf der unteren Schiene 35-40 Minuten backen. Eventuell die letzten 10 Minuten mit Alufolie abdecken. Dazu paßt eine Fruchtsauce.

ca. 947 kcal/3968 kJ/Portion

Birnengratin

▷

4 weiche Birnen
Saft einer Zitrone
1 l Wasser
40 g Butter
40 g Weizenschrot
1-2 EL Ahornsirup
4 EL Milch
150 g Crème fraîche
1 Ei
Vanille, gemahlen
60 g Sesam

Die Birnen waschen, achteln und jeweils das Kerngehäuse entfernen. Mit Zitronensaft beträufeln und in kochendem Wasser etwa 2 Minuten blanchieren. Abtropfen lassen und in eine flache, ausgefettete Form legen.
Butter oder Margarine erhitzen, Weizenschrot darin kurz andünsten. Ahornsirup, Milch, Crème fraîche, Ei und Vanille einrühren. Sesam ohne Fett kurz anrösten und ebenfalls zugeben. Die Masse auf den Birnen verteilen und im vorgeheizten Backofen bei 200 °C etwa 20 bis 30 Minuten backen.

ca. 320 kcal/1280 kJ/Portion

Birnen-Haselnuß-Auflauf

800 g Birnen
Zitronensaft
100 g Butter
100 g Zucker
1 Prise Zimt
4 Eigelb
250 g Haselnüsse, gemahlen
500 g Magerquark
4 Eiweiß
2 EL Puderzucker
2 TL Butter für die Form

Die Birnen schälen, vierteln und von den Kerngehäusen befreien, mit Zitronensaft beträufeln. Die Birnen knapp mit Wasser bedeckt aufkochen und zugedeckt ziehen lassen, bis sie bißfest sind. Birnen herausnehmen und abtropfen lassen. Die Butter mit dem Zucker schaumig schlagen. Den Zimt hinzufügen und die Eidotter nach und nach unterrühren. Die Haselnüsse und den Quark gleichmäßig unterheben. Das Eiweiß mit 1 EL Puderzucker sehr steif schlagen und unter die Quarkmasse heben. Eine große, flache Auflaufform ausfetten. Die Birnenviertel nebeneinander hineinlegen und gleichmäßig mit der Quarkmasse bedecken. Im vorgeheizten Backofen bei 180 °C etwa 30 Minuten backen. Herausnehmen und mit dem restlichen Puderzucker bestreuen.

ca. 1060 kcal/4438 kJ/Portion

Apfelsoufflé mit Ingwersahne

▷

125 g mittelfeine Haferflocken
25 g Butter
40 g Ursüße (Reformhaus)
3 Eier, getrennt
20 g Honig
abgeriebene Schale von 1 Zitrone (unbehandelt)
1 Msp. Zimt
30 g Mandeln, gehackt
250 g säuerliche Äpfel

Ingwersahne:
150 ml Sahne
10 g Honig
Ingwerwurzel
20 g kandierter Ingwer

Die Haferflocken in heißer Butter anrösten. Die Ursüße dazugeben und einige Minuten goldgelb rösten. Eigelb, Honig, abgeriebene Zitronenschale und Zimt zu einer Schaummasse verrühren. Die Mandeln zugeben. Das Eiweiß steif schlagen. Die Haferflocken, die Schaummasse und das Eiweiß miteinander vermischen. Die Äpfel schälen, achteln und in dünne Blättchen schneiden. Ebenfalls zugeben und alles in gefettete Auflaufförmchen füllen.
Für die Ingwersahne Sahne mit Honig steif schlagen und mit Ingwerwurzel abschmecken. Mit kandiertem Ingwer bestreut zu dem Soufflé servieren.

ca. 238 kcal/952 kJ/Portion

Zwiebackauflauf

8 Zwiebäcke
2 EL Preiselbeerkompott
Butter für die Form
⅛ l Rotwein
1 EL Zucker
1 Zimtstange
1 Nelke
3 Eiweiß
50 g Zucker
2 Eigelb
30 g Mehl
Puderzucker

Je zwei Zwiebackschnitten mit Preiselbeerkompott füllen. Eine Auflaufform mit Butter ausstreichen und die gefüllten Zwiebäcke in die Form legen. Den Rotwein mit dem Zucker, der Zimtstange und der Nelke einmal aufkochen. Die Gewürze herausnehmen und den Rotwein über die Zwiebackschnitten gießen.
Das Eiweiß zu steifem Schnee schlagen. Den Zucker langsam einrieseln lassen, bis der Schnee schnittfest ist. Die Eidotter verrühren, unter den Schnee ziehen und zum Schluß das Mehl darunterheben. Diese Biskuitmasse über die Zwiebackschnitten streichen. Den Auflauf auf die untere Schiene in den auf 220 °C vorgeheizten Backofen schieben und 4-5 Minuten hellbraun backen. Mit Puderzucker bestreut servieren.

ca. 272 kcal/1139 kJ/Portion

Quarkgratin mit Grapefruits

▷

3 Eier
250 g Quark
100 g Puderzucker
1 Vanilleschote
je 2 weiße und rosa Grapefruits
Minzblättchen
2 EL Grand Marnier
50 g Mandelblättchen, geröstet
Puderzucker zum Bestäuben

Die Grapefruits mit einem scharfen Messer schälen, so daß keine weiße Haut mehr am Fruchtfleisch haftet. Die Grapefruits in Scheiben schneiden. Eigelb mit Puderzucker schaumig rühren, den Quark, das Vanillemark und den Likör zugeben und gut verrühren. Das Eiweiß steif schlagen und vorsichtig unter die Masse heben. Die Grapefruitscheiben auf Tellern verteilen, die Gratinmasse darauf geben und bei starker Oberhitze überbacken.
Mit Puderzucker bestäuben und mit gerösteten Mandelblättchen und Minze garnieren.

ca. 448 kcal/1879 kJ/Portion

Aprikosenauflauf

3 Brötchen
500 g Aprikosen
50 g Butter
80 g Zucker
4 Eigelb
100 g Haselnüsse, gerieben
4 EL Aprikosenlikör
4 Eiweiß
2 TL Butter

Die Brötchen in warmem Wasser 10 Minuten einweichen und ausdrücken. Die Aprikosen halbieren und die Kerne entfernen. Die Butter und den Zucker mit dem Rührbesen des Handrührgerätes cremig rühren. Eigelb nach und nach hinzugeben. Die Brötchen und die Haselnüsse unter die Creme rühren. Den Likör dazugießen und ebenfalls darunterrühren. Das Eiweiß zu festem Schnee schlagen und diesen vorsichtig unter die Masse heben. Eine flache Auflaufform ausfetten. Die Masse hineinfüllen und die Aprikosen mit den Schnittflächen nach unten darauf setzen.
Den Auflauf im vorgeheizten Backofen bei 200 °C etwa 35 Minuten backen.

ca. 590 kcal/2470 kJ/Portion

OUTSPAN

Grießsoufflé mit Mango

▷

300 ml Milch
1 Prise Meersalz
90 g Vollwertgrieß (Reformhaus)
3 Eier
5 EL Sahne
2 EL Honig oder Ahornsirup
1 Prise Vanille (Reformhaus)
2 EL Haselnüsse, gehackt
8 EL Mango-Vollfrucht (Reformhaus)

4 Soufflé-Förmchen gut ausfetten. Die Milch mit Meersalz aufkochen und Vollwertgrieß einstreuen, aufkochen lassen und bei geringer Energiezufuhr etwa 15 Minuten ausquellen lassen. Danach etwas abkühlen lassen. Die Eier trennen, Eigelb mit Sahne, Honig oder Ahornsirup und Vanille schaumig rühren und das Eiweiß zu Schnee schlagen. Schaummasse, Eischnee und gehackte Haselnüsse unter den Grieß heben und in die gefetteten Auflaufförmchen füllen. Die Förmchen in einer mit Wasser gefüllten Saftpfanne im Backofen bei 180 °C etwa 30 Minuten stocken lassen. Das Mangopüree auf Desserttellern verteilen und das heiße Soufflé darauf anrichten, mit den Haselnüssen garnieren.

ca. 280 kcal/1120 kJ/Portion

Grieß-Mohn-Auflauf

1 l Vollmilch
250 g gemahlener Mohn
6 EL Honig
500 g Aprikosen
1 Stück Zitronenschale (unbehandelt)
2 Vanilleschoten
140 g Vollkorngrieß
4 Eier
Salz
2 TL Butter für die Form

¼ l Milch in einem Topf aufkochen lassen, vom Herd nehmen und den Mohn einrühren. Unter ständigem Rühren eine Minute erhitzen. Dann den Mohn 10 Minuten quellen lassen und 4 EL Honig hineinrühren. Die Aprikosen enthäuten, würfeln und unter die Mohnmasse rühren. Die restliche Milch mit der Zitronenschale, Salz, der Vanilleschote und dem -mark in einem Topf aufkochen lassen. Den Grieß hineinrieseln lassen und unter Rühren etwa 5 Minuten bei milder Hitze quellen lassen. Die Vanilleschote und die Zitronenschale entfernen, den Grießbrei mit dem restlichen Honig süßen und abkühlen lassen. Die Eier trennen. Eigelb vorsichtig unter die Grießmasse rühren. Dann das Eiweiß steif schlagen und darunterheben. Die Hälfte der Grießmischung in eine gefettete Auflaufform füllen.
Die Mohn-Aprikosen-Mischung darauf verteilen, darüber die restliche Grießmischung streichen. Im vorgeheizten Ofen bei 200 °C etwa 35 Minuten backen.

ca. 760 kcal/3182 kJ/Portion

Mohnsoufflé

▷

(für 8 Personen)

4 Eier, getrennt
4 EL Honig
1 Msp. Naturvanille
½ TL Zimt
abgeriebene Zitronenschale
100 g Mohn, gemahlen
25 g Weizenmehl
75 g Mandeln, gemahlen
1 Apfel, mittelgroß
2 EL Rum
1 Mango

Eigelb mit Honig, den Gewürzen und der abgeriebenen Zitronenschale sehr schaumig rühren. Mohn, Mehl und gemahlene Mandeln der Schaummasse zugeben. Den grob geriebenen oder fein geschnittenen Apfel mit Rum vermischen, Eiweiß steif schlagen und zusammen mit dem Mohngemisch unter die Schaummasse heben. In gut ausgefettete, evtl. mit Bröseln ausgestreute Auflaufförmchen füllen und auf der zweiten Schiene von unten etwa 30 Minuten bei 175 °C backen. Die Mango pürieren und auf Dessertteller verteilen. Das Soufflé vorsichtig aus der Form lösen und auf das Mangopüree stürzen. Mit gemahlenen Mandeln bestreuen.

ca. 240 kcal/960 kJ/Portion

Vanillesoufflé mit Früchten

2 Orangen
2 Kiwis
100 g Preiselbeerkompott
3 cl Rum
50 g weiche Butter
50 g Mehl
¼ l Milch
½ Vanilleschote
1 Msp. Salz
4 Eigelb, 5 Eiweiß
70 g Zucker
Butter, Zucker für die Form
Puderzucker zum Bestäuben

Eine Souffléform mit Butter ausstreichen und mit Zucker ausstreuen. Die Orangen schälen, die Filets heraustrennen. Die Kiwis schälen, in Scheiben schneiden. Die Orangenfilets an den Rand der Form legen, den Boden mit Kiwi und Preiselbeerkompott ausfüllen. Den Rum über die Früchte gießen. Die Butter mit dem Mehl verkneten, zu einer Rolle formen und im Kühlschrank erkalten lassen. Die Milch mit Vanilleschote und Salz zum Kochen bringen. Die Vanilleschote herausnehmen und das Mark in die Milch abstreifen. Die Mehlbutter in Scheiben schneiden und nacheinander in die Milch rühren, bis die Flüssigkeit gebunden ist. Vom Herd nehmen und in eine große Schüssel umfüllen. Eigelb nacheinander unterrühren. Das Eiweiß steif schlagen und den Zucker einrieseln lassen. Den Eischnee unter die Grundmasse heben, in die Form füllen. Im auf 180 °C vorgeheizten Ofen auf der unteren Schiene 20 Minuten backen, dann die Hitze auf 200 °C erhöhen und weitere 25-30 Minuten backen. Mit Puderzucker bestäuben.

ca. 457 kcal/1915 kJ/Portion

Mandelsoufflé mit Vanilleeis

▷

6 Löffelbiskuits
1 Beutel Kirschwasser-back
50 g Butter
50 g Mehl
40 g Mandeln, gemahlen
¼ l Milch
125 g Puderzucker
4 Eier, getrennt
1 Prise Salz
Dekor Schnee
1 EL Pistazien, gehackt
1 Hauspackung Vanilleeis
1 Fläschchen Kirschsauce

Löffelbiskuits in Stücke brechen, in eine Schüssel legen und mit Kirschwasser-back beträufeln. Butter in einem Topf zergehen lassen, Mehl und Mandeln hineingeben, durchschwitzen lassen. Milch mit Puderzucker und Salz verrühren, langsam in den Topf geben, zwischendurch aufkochen und gut verrühren. Mit Eigelb legieren. Eiweiß mit dem Salz steif schlagen und vorsichtig in die heiße Eigelbmasse rühren. Auflaufform fetten, die Hälfte der Soufflémasse in die Form füllen, mit dem Biskuit belegen, restliche Soufflémasse darauf verteilen und im vorgeheizten Ofen bei 200 °C etwa 25 Minuten backen. Danach mit Dekor Schnee und Pistazien bestreuen, mit Vanilleeis und heißer Kirschsauce servieren.

708 kcal/2963 kJ/Portion

Orangensoufflé

2 Orangen (unbehandelt)
30 g Würfelzucker
60 g weiche Butter
50 g Mehl
½ Vanilleschote
¼ l Milch
4 cl Orangenlikör
4 Eigelb, 5 Eiweiß
60 g Zucker
Butter, Zucker für die Form
Puderzucker

Mit dem Würfelzucker die Orangenschale dünn abreiben. Zuckerstücke in eine Kasserolle geben. Den Saft der Orangen auspressen, zum Würfelzucker geben und zum Kochen bringen. Die Flüssigkeit bis etwa zur Hälfte einkochen, vom Herd nehmen und erkalten lassen. Die weiche Butter mit dem Mehl mit Hilfe einer Gabel gündlich verkneten. Daraus eine Rolle formen, im Kühlschrank fest werden lassen. Das Mark aus der Vanilleschote kratzen, in die Milch geben und aufkochen. Die Mehlbutter in Scheiben schneiden und nacheinander unter die Milch rühren, solange bis eine glatte Masse entstanden ist. Den reduzierten Orangensaft und den Likör unterrühren. Eigelb unter die Masse rühren. Eiweiß mit dem Zucker steif schlagen. ⅓ davon zur Soufléemasse geben und unterrühren, dann den Rest unterrühren. Eine Soufflé-form ausfetten, mit Zucker ausstreuen. Die Masse einfüllen und im vorgeheizten Ofen auf der unteren Schiene bei 180 °C etwa 40 Minuten backen. Sofort servieren.

ca. 461 kcal/1929 kJ/Portion

Überbackenes Eis mit Wildbeerensauce ▷

8 Löffelbiskuits
2 Eiweiß
50 g Puderzucker
1 Packung Fürst Pückler-Eis
1 Fl. Wildbeerensauce
Frische Wildbeeren

Löffelbiskuits halbieren. Eiweiß steif schlagen, mit dem Puderzucker zu einer schnittfesten Masse weiterschlagen. Das gut durchgefrorene Eis auf eine Platte legen. Löffelbiskuits seitlich herumstellen, rundherum und obenauf mit Eischnee bestreichen. Der Oberfläche mit einem Löffel etwas Struktur geben. Im vorgeheizten Backofen bei 250 °C etwa 5 Minuten backen. Die Oberfläche muß leicht gebräunt sein. Mit frischen Wildbeeren und mit heißer Wildbeerensauce anrichten. Sofort servieren.

ca. 283 kcal/1186 kJ/Portion

Kirschenmichel

500 g Schattenmorellen
2 EL Rum
10 Scheiben Vollkorntoast
2 Kapseln Kardamom
½ l Vollmilch
Salz
2 Päckchen Vanillezucker
4 EL Ahornsirup
4 Eier
2 TL Butter
100 g Mandelsplitter

Die Kirschen entsteinen, mit dem Rum beträufeln und zugedeckt etwa ½ Stunde durchziehen lassen. Inzwischen die Toastscheiben in eine flache Schüssel legen. Die Kardamomsamen aus der Kapsel lösen und im Mörser zerreiben. Die Milch mit wenig Salz, Vanillezucker, Kardamom, Sirup und Eiern verquirlen und über das Brot gießen. Das Ganze etwa ½ Stunde zugedeckt durchziehen lassen. Eine Auflaufform ausfetten. Abwechselnd die Brotmasse, die Kirschen und die Mandelsplitter hineinschichten. Noch übriggebliebene Eiermilch über den Auflauf gießen. Im vorgeheizten Backofen bei 200 °C etwa 40 Minuten backen.

ca. 500 kcal/2093 kJ/Portion

Rezeptregister

G

H

I

J

K

Bildnachweis

Für die freundliche Überlassung der Dias danken wir im einzelnen den folgenden Firmen (in alphabetischer Reihenfolge):

Atelier Frisch, Hamburg, und dort im einzelnen:
CBT Hollandgemüse für die Seiten: 11, 45, 61, 63, 73, 115, 125, 155.
Frau Antjes Feinschmecker-Studio für die Seiten: 13, 15, 17, 43, 47, 49, 55, 59, 67, 69, 75, 77, 81, 85, 87, 113, 129, 139, 153, 157, 159, 161, 165, 171, 173, 175, 177, 179, 183, 189, 193, 199, 201, 203, 205.

Butaris Markenschutzverband e. V., Hamburg, für die Seiten: 51, 131, 133, 219.

Fischwirtschaftliches Marketing-Institut (FIMA), Bremerhaven, für die Seiten: 149, 151.

IPR & O Eurocom Corporate & PR, Hamburg, und dort im einzelnen:
CMA für die Seiten: 99, 107, 123, 181, 197.
Naturdarm für die Seite 135.
Outspan für die Seite 227.

Ketchum Public Relations, München, und dort im einzelnen:
Bresso für die Seite 27.
CMA für die Seite 39.

Knorr/Maizena, Heilbronn, für die Seiten: 29, 35, 91, 95, 97, 11, 185, 187.

Komplettbüro, München, und dort im einzelnen:
Bresso für die Seite 83.
National Sunflower Association für die Seite 53.

Maggi Kochstudio, Frankfurt, für die Seiten: 47, 121, 167, 195.
Reformhaus-Kochstudio, Mainz, für die Seiten: 23, 25, 57, 65, 93, 209, 213, 223, 225, 229, 231.

Ringpress, Frankfurt, und dort im einzelnen:
Patros Feta (Hochland) für die Seiten: 37, 109, 147.

Segmenta PR, Hamburg, und dort im einzelnen:
Du darfst für die Seiten: 89, 169.
Schwartauer Werke für die Seiten: 233, 235.

Supress, Düsseldorf, und dort im einzelnen:
Deutsche Ei-Information für die Seiten: 105, 211.
Deutsche Frisch-Eier für die Seite 33.

Union Deutsche Lebensmittelwerke, Hamburg, und dort im einzelnen:
Biskin für die Seite 127.
Milkana für die Seiten: 103, 163, 191.
Palmin Soft für die Seite 101.

wpr-communication, Königswinter, und dort im einzelnen:
Bundesverband der Deutschen Fleischwarenindustrie für die Seiten: 117, 119, 137, 141, 143, 145.
CMA für die Seiten: 19, 21, 31, 79, 207, 215, 217, 221.

Hintere Umschlagseite:
links oben: Atelier Frisch, Hamburg (Frau Antjes Feinschmecker-Studio)
rechts oben: Union Deutsche Lebensmittelwerke, Hamburg (Milkana)
links unten: wpr communication, Königswinter (Bundesverband der Deutschen Fleischwarenindustrie)
rechts unten: Butaris Markenschutzverband e. V., Hamburg